高中主题式教学初探

薛立群 著

黑龍江大學出版社
HEILONGJIANG UNIVERSITY PRESS
哈尔滨

图书在版编目（CIP）数据

高中主题式教学初探 / 薛立群著. -- 哈尔滨 : 黑龙江大学出版社, 2024. 8. -- ISBN 978-7-5686-0805-3
Ⅰ. G632.0
中国国家版本馆 CIP 数据核字第 2024LW2269 号

高中主题式教学初探
GAOZHONG ZHUTISHI JIAOXUE CHUTAN
薛立群　著

责任编辑　宋丽丽
出版发行　黑龙江大学出版社
地　　址　哈尔滨市南岗区学府三道街 36 号
印　　刷　天津创先河普业印刷有限公司
开　　本　880 毫米 ×1230 毫米　1/32
印　　张　6.875
字　　数　161 千
版　　次　2024 年 8 月第 1 版
印　　次　2024 年 8 月第 1 次印刷
书　　号　ISBN 978-7-5686-0805-3
定　　价　39.80 元

序　　言

新课程的课堂教学应该是什么样的？这是新课程改革中最基本、最重要而又难以把握的一个问题。2020 年，黑龙江省普通高中开始使用新课标教材。2024 年，黑龙江省高考全面改革，首次实行“3 + 1 + 2”模式。这是真正意义上的新高考。教师经过专业培训、理论研究和教学实践，已经积累了一些研究成果与实践经验。但对于如何有效实施符合新课程标准要求的课堂教学，教师还有一些实际问题和困惑。

在教育发展的历程中，教学方式的传统性与现代化（或者说习惯与革新）是学者和教师无法回避的矛盾。如何处理这一对矛盾，以适应新时代对教育提出的新要求，是教育工作者长期以来探索的主题。新课程标准中明确提出要创新课堂教学模式。那么，有没有一种既能吸取传统教学的有益因素，又能适应教育的新形势、新要求的教学方式？在多年的教学实践和理论研究中，笔者逐渐发现，主题式教学是可以有效达成这一要求的具有极强的适应性的教学方式。

主题式教学是一种以主题为核心，将学科知识与现实生活紧密结合起来的教学方式。在主题式教学中，教师在作为教学主导者的同时，可以成为指导学生发现、探究、解决问题的引领者；学生从接受知识转变为主动探索。主题式教学强调个体性、探究性和整合性，使学生的学习融入一个或多个主题中。学生在探究主题的过程中通过观察、思考、实践和反思，加深对教学内容的理解，提升自身的综合素养。

主题式教学是新课程的一种有效的教学方式。本书重点探讨主题式教学的理论依据、核心理念、基本模式和操作方法等，对如何设计合理的主题、如何有效地引导学生进行探究学习、如何进行有效的评价与反馈等进行了论述与分析。

在实践与研究中，笔者发现了主题式教学在新课程中的优势和实用价值，并希望借本书的出版来推广主题式教学，促使更多的教师发现、发掘和发展主题式教学，进而推动新课程教学的发展。展望未来，笔者相信，主题式教学将在教育领域发挥越来越重要的作用，随着教育技术的不断进步，主题式教学将有更丰富的实践形式和更广阔的发展空间。同时，随着教学实践与教学研究的不断深入，主题式教学也将不断得到优化与拓展，在教育发展、教师进修和人才培养方面发挥重要作用。

笔者在高中任教30多年,在学校担任思想政治学科教研组组长。新课程改革以来,笔者曾担任学校的课程中心主任。2018年至今,笔者被齐齐哈尔大学哲学与法学学院思想政治教育系聘任为研究生导师,负责学科教学设计、课程标准与教材研究等课程的授课工作。这促使笔者更深入地研究新课程的教学设计与新课程改革方面的理论与实践问题。2022年,笔者又被齐齐哈尔市教育教学研究院聘请兼职担任齐齐哈尔市高中政治教研员,有更多的机会参加新课程教研工作、培训工作等,发现并研究了新课程教学中的现实问题。笔者也发现了很多值得推广的做法与优秀案例。在本书中,笔者结合自身对新课程的研究,总结了多年的教学经验,同时也融入了自己的一些研究成果。

主题式教学不仅是一种教学方式,而且可以凝练为一种教学理念。在撰写本书的过程中,笔者研究了主题式教学可以借鉴的理论文献和实践成果,对其理论基础、实施策略等进行了较为详尽和具体的阐述。

本书承载了笔者多年研究与实践的经验,是笔者30多年来在教学领域思想积淀的成果。但由于水平与能力有限,本书在内容、观点与表达上有不成熟和不完善之处。但笔者仍然希望本书能够为教育工作者和师范专业的高校学生提供一些有益的教学思路和可操作的方法,同时也为关注教育发展的读者提供一个探讨主题式教学的开放性窗口。

教育有一些永恒的智慧与底蕴,但教学从来就没有一个完美无缺的终极模式。只有不断地进行研究与探索,教师才能跟上时代发展的步伐。

谨以此书,记录点滴心得,恳请教育同人批评指正!

目　　录

第一章　主题式教学概述

第一节　主题式教学的概念、基本要求与优势

我国基础教育进入新一轮课程改革，普通高中课程标准（2017年版2020年修订）、义务教育课程标准（2022年版）相继发布。新课程标准明确了各学科教学的目标、理念、基本内容与方法，在评价方面提出了学业质量标准和素养要求。以此为指针，各学科的新课标教材也相继编印与使用。

在为什么教、教什么、怎么教的基本标准和原则确定以后，应采取什么方式进行新课程教学？怎样构建有序、有效且有益的新课堂？各种模式、方法纷纷被提出。自主性探究、研究性学习、合作学习被广泛认可。议题式教学、项目化学习、问题化教学、大单元教学和大概念教学等被提出。

这些新型教学模式异彩纷呈。同时，广大一线教师感到困惑：如何分清、理解和应用这些教学模式？各种教学方法或模式有何优缺点？哪种教学方式更适合新课程课堂教学？

主题式教学是一种能够真正实现优化与整合的教学模式，继承了传统的教学模式的优点，并对各种新的教学模式进行了整合，有利于新课程教学的顺利开展。

在主题式教学中，课程知识整合是教师围绕主题对学科知识进行创新性转化的过程，有利于促进学生发展。清华大学附属小学窦桂梅提出小学语文主题教学，基于语文学科进行主题式教学

研究。我国许多教师与学者对主题式教学进行了研究与探索。但是针对高中阶段如何开展符合新课程标准的主题式教学的研究相对较少。在新课程改革的背景下,各个学科既要体现学科特色,又要充分利用主题式教学的优势。教师应把握主题式教学中课程知识整合的意蕴,了解课程知识整合的困境,并提出改进措施。这对于主题式教学的有序开展、新课程课堂教学实效的提升具有重要意义。

一、主题式教学的概念

主题式教学也可以称为"主题中心教学"或"主题整合教学"。主题式教学是以新课程标准为指导,以教材内容为依据,创设问题情境,让学生在相对开放的环境中围绕主题分析与探究问题,进而掌握与主题相关的知识,达到教学目标的一种教学模式。主题式教学以主题为核心,以学科知识为基础,以关键词为引导,以教师为教学主导,以学生为学习主体,能够使学生深入理解并掌握与某一主题相关的必备知识,培养学生的关键能力、学科核心素养。主题式教学是一种综合性、活动型的教学模式。从广义上来说,主题式教学是通过多学科、多角度、多层次探究某一主题的教学模式。从狭义上来说,主题式教学是应用于单一学科或某一单元、某一课程乃至某一具体的学习主题的教学方法。

二、主题式教学实施的基本要求

(一)确定主题

教师需要选择一个明确的教学主题。教学主题应具有广泛的应用价值,能够引起学生的兴趣,同时有助于学生构建知识体系。教师在选择教学主题时应考虑学生的兴趣和学科知识的关联度,注重激发学生的探究欲望。

(二)制订教学计划

教师需要制订具体的教学计划。教学计划包括教学目标、教学内容、教学方法和评价方式等。

(三)构建知识框架

在主题式教学中,教师需要帮助学生梳理与主题相关的知识,使学生形成清晰的知识框架。这可以通过引导学生绘制思维导图、讨论或分析案例等来实现。

(四)组织教学

在主题式教学中,教师应鼓励学生积极参与讨论,通过小组讨论、案例分析、实地考察等方式引导学生深入探究知识。

(五)拓展整合

主题式教学强调以主题为原点或线索引导学生进行发散性学

习。教师可以围绕主题对大量的信息素材进行筛选与整合，从而加深学生的理解。这不仅可以帮助学生更好地掌握与主题相关的知识，还可以培养学生的拓展性思维能力、分析能力与综合能力。

（六）持续性问题驱动

主题是主题式教学的核心，教师需要以持续性的问题或案例为引导，激发学生的批判性思维和问题解决意识。这可以帮助学生更好地理解与主题相关的知识，也可以培养学生解决问题的能力。

（七）情境创设与互动

教师通过情境创设或小组讨论等方式，引导学生将所学知识应用到实际生活中，从而提高学生的实践能力和互动能力。

（八）评价与反馈

在主题式教学中，教师需要制定合理的评价标准，对学生的学习成果进行评估。同时，教师还需要根据学生的反馈，及时调整教学内容和教学方法，以确保教学质量的提升。

三、主题式教学的教育优势

（一）增强学生的学习效果

主题式教学强调学生主动开展探究式学习，充分调动学生的智力因素和非智力因素。这有助于增强学生的学习效果。

（二）培养学生的综合能力

主题式教学注重培养学生的批判性思维能力、问题解决能力和跨学科学习能力。主题式教学注重跨学科的主题探究，有助于学生将不同领域的知识融会贯通，形成完整的认知体系。这有助于提高学生的综合素质。

（三）激发学生的学习兴趣

主题式教学主张教师围绕学生感兴趣的主题创设情境。主题式教学以学生的兴趣和需求为导向，注重选择贴近学生生活、富有吸引力的主题。这能够激发学生的学习兴趣，增强学生的学习动力，使学习过程变得更加愉快、更加有意义。

（四）促进教师专业发展

实施主题式教学需要教师具备广博的知识、敏锐的观察力、灵活的教学策略和良好的组织协调能力。在引导学生开展主题探究的过程中，教师需要不断更新自身的知识体系。主题式教学需要教师具备丰富的专业知识与较高的专业能力。为了更好地进行课堂教学，教师需要以现实问题为导向，不断地钻研、进修，提升自己的专业素养，从而更好地满足主题式教学的要求。

综上所述，主题式教学是一种以学生为中心、富有现实意义和价值的教学模式。主题式教学突破了传统的单课教学的局限，通过主题化、多维度的方式引导学生深入探究某一主题。主题式教学能够激发学生的学习兴趣和学习动力，培养学生的批判性思维能力和问题解决能力。在实施过程中，教师应注意选择合适的主题，制订具体的教学计划，并采用多种教学方法引导学生进行深入探究。同时，教师还应及时进行评价和反馈，帮助学生了解自己的学习情况。主题式教学既能充分发挥教师的主导作用，又能突出学生的主体地位，将成为适应新课程改革的有效的教学模式。

第二节　主题式教学的理论依据与核心理念

主题式教学作为一种创新性的教育理念和教学方法，在新课程教学中有着独特的应用价值。它强调以主题为核心，引导学生主动探索、发现和解决问题，对于培养学生的综合素养具有显著的优势。

一、主题式教学的理论依据

主题式教学可以在古代教育理论、近现代教育心理学和系统科学中找到理论源头与支撑。明确这些理论依据不仅有利于教师深刻地理解主题式教学的价值与特点，也有利于教师在教学与研究中将主题式教学提升到理论层次。

（一）教学主题生活化

在中国古代传统教育中，从孔子的“学而时习之”到王阳明的

“知行合一”,都体现了认识与实践相统一的教育理念。现代教育家陶行知提出了“生活即教育”“社会即学校”“教学做合一”的教育理念,教学在陶行知的教育思想中被赋予了生活化的特征。陶行知主张将教育与实际生活紧密联系起来,让学生通过亲身体验和实际操作来加深对知识的理解。这正是主题式教学的基本理论前提,教学主题的选择应以解决生活中的实际问题为核心。将理论与生活实践相结合的教育理念,正是主题式教学的起点、动力和归宿。

主题式教学并不是简单的“舶来品”,而是基于中国传统文化中优秀的教育思想,结合现代教育理念所探索出来的一种具有创新性的教学方式。

(二)学习是学习者自我建构的过程

近现代教育理论蓬勃发展,为研究主题式教学提供了系统化、理论化的思想支点。主题式教学强调以主题为核心,注重引导学生主动探索、发现和建构知识。这是对建构主义学习理论的拓展和延伸。

1. 促进知识建构

在主题式教学过程中,教师通过创设真实、有意义的学习情境,引导学生主动建构知识。这有助于学生将新知识纳入原有的知识体系,形成更加完整和深刻的理解。

2. 培养自主学习能力

主题式教学鼓励学生自主选择学习的路径、解决问题的方法和表达观点的方式,有助于培养学生的自主学习能力。

3. 强化合作学习

在主题式教学中,学生通过合作学习来解决问题、完成任务。这种教学方法有助于培养学生的合作意识和协作能力,同时也有助于促进知识的交流和共享。

4. 注重探究

主题式教学通常涉及复杂的真实问题,这些问题需要学生深入探究、挖掘背后的原因和规律。这有助于激发学生的探究精神,培养学生的问题解决能力。

5. 理论联系实际

在主题式教学中,学生通过解决真实问题来接触和了解社会现实。这有助于学生将理论与社会生活实际结合起来,加深学生对社会的认知和理解。

(三)多元智能培养

主题式教学倡导多样化的教学方式。主题式教学通过创设真实的情境,引导学生自主学习、合作探究,注重培养学生的创新精神和批判性思维能力。

多元智能理论是由美国心理学家加德纳提出来的。他认为人的智能是多元化的,包括语言智能、逻辑数学智能、音乐智能、空间智能、身体运动智能、人际关系智能、自我认知智能、自我观察智能等。个体间之所以存在差异，是因为每个人的智能发展水平不同，智能之间的组合方式也不同。因此，每个人接受新知识的能力、解决问题的能力也不同。

每个学生都具有自己独特的智能组合。不同学生的智能发展是不均衡的。主题式教学强调学生在学习过程中的主体性，注重引导学生自主学习、合作探究，充分发挥学生的主观能动性，关注学生的个性化发展需求，注重发挥学生的优势智能。主题式教学倡导多样化的教学方式，关注学生的多元智能发展，注重为学生提供多样化的学习方式和个性化的发展空间。

每个学生都具有独特的智能优势，教师应基于智能之间的差异，在主题式教学中充分考虑学生的学习进程差异，同时考虑学生的学习潜力。教师可以采用角色扮演、课堂辩论等形式来激发学生的学习潜力。

（四）系统化的教学论

现代教育论强调教学的系统性。系统是由相互关联、相互作用的各个部分组成的有机整体。主题式教学其实也是一个系统，它由教师、学生、教学内容、教学环境等部分组成。各个部分在主题的引领下相互作用、相互影响，共同推动新课程教学目标的实现。

在主题式教学中，教师需要根据学生的实际情况和教学目标，选择合适的教学主题，并设计相应的教学活动。学生则在教师的引导下，围绕主题进行探究学习，通过自主学习、合作学习等方式，完成学习任务。教学内容和教学环境是实施主题式教学的必要条件。系统化的教学论在主题式教学的研究与实践中有着重要的理论支撑价值。

1. 系统性设计

主题式教学需要进行系统性设计,即从整体出发,考虑各个组成部分之间的关系和作用,以取得最优的教学效果。在具体的教学实践中,教师需要综合考虑教学目标、教学内容、学生实际情况等因素,设计出符合实际需求的教学方案。

2. 动态性调整

在主题式教学中,教师需要根据学生的学习情况、学习反馈等,及时调整教学策略和教学内容,以保证教学的有效性和针对性。

3. 开放性整合

教学系统不是孤立的,它与周围的环境相互作用、相互影响。主题式教学需要具备开放性,即能够整合跨学科的知识和资源,以实现教学效果的最优化。同时,教师需要关注学生的学习需求和兴趣,引导学生进行拓展学习和自主学习。

4. 综合性评价

教学评价具有综合性。在主题式教学中,教师需要对学生的学习情况进行全面、综合的评价,包括知识技能、情感态度等。评价方式可以多样化,如考试、作品评定、口头表达等。通过综合性评价,教师可以了解学生的学习需求和学习情况,发现教学中存在的问题,并及时进行调整和改进。

(五)互联网时代教学的理论思考

21 世纪,随着互联网、数字技术在信息传播和处理方面的迅速发展,研究信息对教学的支撑作用有着重要的现实意义和前瞻性意义。

在主题式教学中,信息传播和处理的理念得到了广泛应用。教师通过设计主题,为学生提供一系列相关的信息,引导学生进行自主学习和探究。学生通过处理这些信息,形成自己的知识体系,并在探究过程中不断提升自身的思维能力和创新能力。

在主题式教学中,教学信息具有复杂性和不确定性。教师需要设计出富有挑战性和启发性的主题,使学生能够获取丰富且具有深度的知识。基于主题的教学设计,能够减少无效提问和不必要的环节,增加符合主题的信息获取和加工环节,从而提升学生的学习效率。同时,教师需要对学生的学习进行有效的监督和引导,降低教学信息的不确定性。

在信息时代,主题式教学应注重教学信息的有效传递和接收。教师需要充分考虑学生的认知能力和学习风格,合理设计教学信息的传递方式,使学生能够在有限的时间内更好地接收和理解教学信息。同时,教师还需要培养学生的信息处理能力,使学生能够更好地适应现代社会对信息处理的要求。

从教育信息化的观点出发,教师还需要对基于某一主题的教学信息进行加工编码和定向解码。教师需要采用多样化的教学策略和工具，将教学内容进行有效编码，以便学生能够接受和理解。教师需要辅助和引导学生对信息进行有效加工和重组编码。这有助于学生更准确、更深刻地掌握知识。同时，教师还需要关注学生对教学信息的解码过程，了解学生的理解程度和认知过程，从而对教学策略进行调整和优化。

例如，在学习高中思想政治学科社会保障的作用时，教师可以用“安全网”“减震器”“连通器”来比喻社会保障三个方面的作用，进行简单编码之后，引导学生深入、全面地进行内容解码，使学生充分理解三个形象所代表的预防风险作用、降低损失作用和风险共担作用。

教育信息化为主题式教学提供了重要的理论视角。通过深入探讨信息在主题式教学中的应用，教师可以更好地理解主题式教学的内在逻辑和运作机制，为教学实践提供有力的理论支撑。

二、主题式教学的核心理念

主题式教学是一种具有创新性的教学方式。主题式教学以学生为主体，以主题为线索，强调学生在教师的指引下通过探究和合作学习的方式在真实或模拟的情境中达成学习目标。主题式教学强调学生的主动性和创造性，强调知识获取的过程和知识的应用。主题式教学的核心理念主要包括以下六个方面。

（一）以学生为主体

主题式教学强调学生的主体地位。教师在主题式教学中充当引导者和协助者的角色，激发学生的主动性和创造性，引导学生自主学习、自主思考。

主题式教学虽然强调以学生为主体，但是并不忽视教师的作用。主题式教学强调教师在“教”的方面的主导作用，强调学生在“学”的方面的主体地位。教师是“教”的主体，在教学过程中，以主题为核心，围绕学生的“学”来设计教学内容，引导学生进行自主探究、合作学习。

主题式教学综合性、开放性的教学方式可以更好地激发学生的学习兴趣，培养学生的创新思维能力和实践能力，提高学生的自主学习能力和合作学习能力，从而有效地突出学生在学习中的地位与价值。正是由于主题式教学从学生出发，教师更加关注学生的不同需求和学习能力的差异，设置不同层次的主题任务，以满足不同学生的学习需求。教师在主题式教学中不是强行灌输，不是让学生被动接受，而往往采取任务驱动的方法，通过设置具体任务，引导学生主动探究、解决问题。此外，以学生为中心还体现为相信学生、充分发掘学生的学习潜力。教师在主题式教学中引导学生进行小组合作学习，培养学生的团队协作精神和沟通能力。在主题式教学评价方面，教师从尊重学生的多元智能出发，采用多元化的评价方式，全面了解学生的学习情况和进步程度。

（二）以主题为线索

主题是主题式教学的关键所在。主题式教学以主题为线索，由一个中心主题统领课程内容和资源，形成一个完整的知识体系。主题式教学强调知识的整合，以及理论与实践的结合，有利于学生全面理解知识。

在主题式教学中，教师先选定一个主题，然后围绕选定的主题确定教学目标、扩展教学内容、选择教学材料、设计教学活动。教师以选定的主题为核心，将知识点串联起来。教师可以不局限于教材，选择符合主题、贴近日常生活的材料进行教学。这能够让学生学有所用。主题线索具有整体性、跨越性和实践性等特征。主题线索在主题式教学中具有重要作用。

首先，主题线索能够加深学生对知识的理解。通过主题线索的引导，学生可以更加系统地理解知识，形成完整的知识体系。

其次，主题线索有助于提高学生的综合素质。教师以主题为线索，鼓励学生进行跨学科学习，提高学生的综合素质，为学生未来的学习奠定坚实的基础。

最后，主题线索有利于培养学生的实践能力。主题线索强调知识的应用。教师基于主题线索，引导学生解决实际问题，培养学生的实践能力。

对于主题式教学来说，确定主题是最基本和首要的工作。教师应根据学生的实际情况和学科的特点，选择合适的主题，确保主题能够涵盖学生需要掌握的知识点。同时，确定主题后，教师才能够设计连贯的教学流程，以确保主题线索能够贯穿整个教学过程；才能够引导学生进行有针对性的自主探究，深入挖掘主题；才能够对学生进行有效的反馈和评估，帮助学生走出学习误区。此外，教师还需要围绕主题为学生提供多元化的学习资源，如图书、网络资源等，帮助学生更好地理解主题、拓展主题。确定主题还有助于教师的备课与研修。教师是实施主题式教学的关键因素。在确定主题的过程中和确定主题之后,教师需要围绕主题进行学习与研究,参加专业培训,增加知识储备,提高专业能力。

(三)注重探究学习

探究学习是一种强调学生主动参与、自主探究的学习方式。学生在学习过程中通过观察、思考、讨论等方式,自主发现知识,并掌握知识,培养创新思维能力和实践能力。探究学习的核心在于探究,即引导学生主动探索问题、发现问题、解决问题,从而构建自己的知识体系。

主题式教学注重探究学习。探究学习意味着学生不再是被动接受知识的对象,而是学习的主体。在探究学习的过程中,学生亲自参与,主动探索,建构知识。教师扮演引导者的角色,帮助学生发现问题、解决问题,促进学生自主学习。同时,探究学习也意味着学习过程比学习结果更重要。学生在探究过程中,不仅能够获取知识,而且能够培养自主学习能力、创新思维能力。这些能力能够对学生未来的学习和生活产生深远影响。

在主题式教学中,探究学习具有举足轻重的地位。首先,探究学习是主题式教学的核心环节。主题式教学的实施过程就是引导学生进行探究的过程。学生通过探究,深入理解主题,掌握必备知识,提高解决问题的关键能力,提升学科核心素养。其次,探究学习是主题式教学的重要手段。在主题式教学中,教师通过引导学生进行探究,激发学生的学习兴趣,培养学生的自主学习能力,提升教学质量。

从理论层面与实践层面来说,探究学习在主题式教学中具有重要的价值。首先,探究学习有助于培养学生的创新思维。在探究过程中,学生需要独立思考,发现并解决问题。这有助于培养学生的创新意识和创新思维。其次,探究学习有助于提升学生的实践能力。探究学习强调动手操作,学生在实践中学习,通过实践掌握知识、提高实践能力。最后,探究学习有助于增强学生的学习效果。在探究学习过程中,学生主动参与学习活动,激发学习兴趣,从而增强学习效果。

(四)注重合作学习

主题式教学注重合作学习,鼓励师生之间、学生之间相互交流、讨论、协作,共同完成任务,培养学生的团队合作精神和沟通能力。

合作学习在主题式教学中具有重要的地位。主题式教学是一种开放型的教学方式,但不忽视教师的主导作用。主题式教学强调通过对确定的主题进行探究来引导学生学习和思考。而合作学习则是一种有效的学习方式。它有助于学生更好地理解主题。因此,主题式教学注重合作学习。

在主题式教学中,合作学习能够发挥重要作用。首先,合作学习能够提高学生的自主学习能力。这里的自主学习不等同于学生"自己学习",学生不是被动地依赖教师传授进行学习。合作学习有助于发挥群体的主动学习优势。在合作学习中,学生需要主动参与小组讨论,积极发表自己的观点和看法,同时也需要学会倾听他人的意见。合作学习能够帮助学生更好地掌握学习的主动权。其次,合作学习有助于促进学生之间的交流与合作。在合作学习中,学生积极主动地进行交流与合作,能够培养团队合作精神。通过小组讨论和合作,学生可以在互动中更好地了解彼此的观点和思维方式,同时也能够提高学习效率。此外,合作学习也能够提高学生的问题解决能力。在主题式教学中,学生需要通过探究主题来发现问题,并寻找解决方案,而合作学习恰恰能够帮助学生集思广益、探讨解决方案,从而提高学生的问题解决能力。

(五)强调情境教学

主题式教学强调情境教学。教师根据确定的主题创设情境,将知识融入情境中,让学生在情境中发现知识、训练能力、提升素养。

情境教学强调知识的情境性。知识不是孤立的,而是与特定的情境紧密相连的。因此,在主题式教学中,教师需要创设与知识相关联的情境,帮助学生理解和掌握知识。情境教学还强调学生的主体性。学生不再是被动地接受知识,而是主动地进行知识建构。在主题式教学中,教师可以创设真实的、多样化的情境,激发学生的主动性和创造性,促进学生深度学习。

情境教学的核心价值在于它承认知识是在特定的情境中生成的,学习应当在相应的情境中进行。情境教学在主题式教学中具有多方面的价值。首先,情境教学有助于提高学生的学习兴趣和积极性。真实的情境能够引发学生的好奇心,使学生主动参与到学习活动中。其次,情境教学有助于培养学生的实际操作能力和问题解决能力。学生在模拟的真实情境中通过实践能够更好地理解和掌握知识,同时也能够提高解决实际问题的能力。最后,情境教学还有助于培养学生的团队协作和沟通能力。在大多数情境中,学生都需要学会如何与他人合作、如何有效地进行沟通,从而达成共同的目标。

(六)采用多元化的评价方式

主题式教学注重采用多元化的评价方式。主题式教学注重突出评价的过程性和针对性,注重发挥评价的诊断功能和激励功能。在主题式教学中,教师主要采用处方式评价和进阶式评价等方式。在教学过程中,教师关注学生的个体差异,以及发展的全面性和阶段性,通过采用多元化的评价方式,及时反馈教学信息,促进学生主动发展。主题式教学倡导过程与阶段性成果并重,重视学生的个性化需求,力求及时进行反馈与调整。

三、结语

在实施主题式教学的过程中,教师应以提升学生的综合素质为目标,制定明确的评价标准,不断提升专业素养,引导学生主动参与教学活动,注重数据的分析和利用,针对学生的个性化特征和需求采用多元化的评价方式,从而实现教学目标。

理念是行动的内驱力,也是行动的精神引领。要理解和实施主题式教学,教师必须准确、全面、深刻地把握其核心理念。这也是开展主题式教学的必要前提和思想基础。

第三节　主题式教学的基本特征

主题式教学是一种有效的教学方法，不仅在如何教上提供有益的指导，在教什么、为什么教方面也具有系统化的特征与优势。主题式教学以主题为核心，将知识学习与社会生活实际有机联系起来，旨在培养学生的综合素养。与传统的教学方式相比，主题式教学更注重整合性的学习。主题式教学跨越课节的线性界限，综合或重组知识，让学生在课堂情境或实际生活中寻找答案，加深学生对知识的理解，并提高学生解决实际问题的能力。因此，主题式教学具有不同于传统教学的特征。

一、中观综合性是主题式教学的根本特征

如果把大单元教学看作宏观性整合，把课、节或某一问题、议题的教学看作微观性教学的话，那么主题式教学就可以看作一种处于二者之间、兼具二者优势的中观教学方式。主题式教学不一定把一个单元设为一个主题，可以把一课设为一个主题，可以把两课结合起来设为一个主题，也可以把一个小节设为一个主题。这主要需要考虑知识之间的内在联系，以及学习的便捷性与阶梯性。如果有需要，主题式教学可以跨越原有的课时界限，将相关的知识重组在一起。例如，对于《普通高中教科书 思想政治 必修3 政治与法治》与《普通高中教科书 思想政治 选择性必修1 当代国际政

治与经济》中的“政府职能”这一主题,教师可以将政府的对内职能与对外职能整合起来。主题式教学注重在一个主题下串联、整合相关的知识,让学生能够从多个角度去理解和掌握知识,从而形成完整的知识体系。主题式教学鼓励学生基于课时线索而不拘泥于常规框架,主动探索知识。这样,学生可以更好地理解知识,更好地掌握知识,更好地应用知识。

主题式教学突破了知识之间的线性联系,将不同的知识点融入一个共同的主题中,实现教学内容的充分整合。这种整合方式有利于增强学生的学习动机,提高学生的综合素质。在主题式教学中,教师利用教材、图书文献、网络资源等多种教学资源,为学生提供更为广阔的学习空间,实现教学资源的共享和优化配置。这不仅有利于提高教学效率,而且有利于培养学生的信息素养和自主学习能力。

同时,教师不再是唯一的知识传递者,而是学生的引导者和支持者。通过主题的引领,主题式教学将主题统领下的知识点进行有机融合,促进知识的迁移和运用。主题式教学的中观综合性特征符合新课程改革方向,有助于培养学生的综合素养。

二、情境性是主题式教学的基本特征

主题式教学强调通过创设真实的情境,让学生在特定主题的探究过程中掌握知识和技能。情境性是主题式教学的基本特征。主题式教学的情境性特征对于激发学生的学习兴趣、培养学生的问题解决能力具有显著的影响。在主题式教学过程中,学生在真实的情境中，通过观察、分析、探究等方式，发现问题，解决问题。例如，在学习《普通高中教科书 思想政治 选择性必修 2 法律与生活》时，教师可以将生活中的民事法律纠纷作为主题线索，抽丝剥茧，层层分析；学生在求知欲的驱使下可以查阅教材的相关章节和民法的相关法条，可以通过查阅文献、分析案例、模拟演练、进行辩论等方式来寻找答案，在主题的引领下，发现问题，并解决问题。这不仅能够培养学生的研究性学习能力和探索精神，而且能够提高学生的思维能力与解决现实问题的能力。

具体来说，情境性特征可以从以下四个方面来理解。

（一）情境创设的真实性

主题式教学的情境创设强调真实性。主题式教学力求让学生在真实感强烈的情境中学习和探索。教师通过模拟真实生活场景，帮助学生将理论知识与实际生活结合起来，提高学生的理解能力和应用能力。教师可以利用多媒体技术，如视频、音频、动画等，为学生提供丰富的视觉刺激和听觉刺激，增强情境的真实感。

（二）学生的主体性

情境性特征强调学生在主题式教学中的主体性。学生不再是被动接受知识的对象，而是学习过程中的主动参与者。教师通过情境创设，引导学生主动探究，培养学生的自主学习能力和终身学习能力。教师需要在情境创设中设置问题或任务，引导学生发现问题并提出解决方案。同时，教师应鼓励学生自主收集资料、分析问题，培养学生独立解决问题的能力。主题式教学的情境性特征在培养学生综合素养方面具有显著优势。主题式教学通过情境创设,可以激发学生的学习兴趣和积极性,提高学生的自主学习能力。

(三)知识的建构性

主题式教学的情境性特征强调知识的建构性。学生在教师的引导下,根据自身的经验和已有的知识,对新知识进行理解、消化和建构。这种建构性的学习过程有助于学生对知识进行深度理解,提高记忆和应用能力。在主题式教学过程中,教师应鼓励学生对新知识进行深度思考和建构,通过引导学生在情境中反思自己的学习过程,加深学生对新知识的理解。

(四)协作与交流

情境性特征还表现在协作与交流方面。在主题式教学中,学生需要在教师创设的情境中与同学协作,通过交流与合作共同完成任务。这种协作与交流的过程有助于培养学生的团队合作能力和沟通能力,有助于提高学生的人际交往能力。教师应根据教学内容和教学目标,合理安排协作与交流活动。通过小组讨论、角色扮演等方式,学生在学习过程中能够相互协作、交流思想,最大限度地发挥自身的优势。

三、开放性是主题式教学的活力所在

在主题式教学过程中,教师不拘泥于传统的教授方式,而是充分发挥学生的主体性，教学内容、教学方法和教学过程都具有开放性。主题式教学可以帮助学生根据自己的兴趣和能力选择学习路径，使得学生能够更加积极主动地参与到学习活动中。同时，教师可以根据学生的反馈来调整教学策略，更好地满足学生的学习需求。

开放性是主题式教学的基本特征。主题式教学突破了传统教学框架的限制。开放性赋予了教学无限的可能性。主题式教学的开放性特征体现在以下四个方面。

（一）教学主题的选择具有开放性

在主题式教学中，主题的选择是开放的。教师可以根据学生的兴趣、学习需求和课程内容，灵活地选择主题。这种开放性使得教学更具趣味性和吸引力，能够更好地激发学生的探究欲望。

（二）教学过程具有开放性

主题式教学的过程是开放的。在教学过程中，教师鼓励学生主动参与、积极发表观点，通过互动交流，引导学生从多个角度思考问题，培养学生的创新思维能力和批判性思维能力。

（三）教学内容具有开放性

主题式教学内容不局限于教材，而是以主题为核心，跨越章节甚至学科界限，将相关知识进行整合。这种开放性使得学生能够全面、深入地理解知识，提升综合素质。

（四）教学评价具有开放性

主题式教学关注学生的过程表现，强调多元化的评价方式。评价内容不仅包括传统的考试成绩，还包括学生的参与度、团队合作能力、创新思维能力等。这种开放性的评价方式能够全面反映学生的学习效果，也能够有效地激发学生的学习主动性。

四、实践应用性是主题式教学的归宿和落脚点

主题式教学强调理论知识与实践的结合。在主题式教学过程中，学生可以在实践中发现问题、解决问题，通过亲身体验加深对知识的理解。主题式教学不仅提高了学生的实际操作能力，而且培养了学生的创新能力。主题式教学旨在通过实践活动来帮助学生深入理解知识、有效运用知识，培养学生解决问题的能力和应用能力。

主题式教学的实践应用性特征可以从以下四个方面来理解。

（一）选择主题时注重生活化与实践性

主题式教学所选择的主题通常来源于生活，与学生的实际生活密切相关。这样的主题选择不仅增加了学生的学习动力，还使学生在实践中学到新知识。例如，对于以环保为主题的教学，教师可以通过实地考察、数据收集等形式，让学生在实践中理解环保的重要性，并学会保护环境。

（二）设计教学活动时注重实践与应用

主题式教学通常以活动为形式，鼓励学生积极参与、亲身体验。在主题式教学活动中，教师可以根据实际情况设计具有实践性和应用价值的教育活动，使学生有机会在实践中学习和运用知识，提升学生的实践能力。例如，在以社区服务为主题的教学活动中，学生可以通过参与社区服务项目，亲身感受社区服务的重要性，同时提升团队合作能力和社会责任感。

（三）促进知识的整合与综合运用

主题式教学有助于学生将分散的知识点整合到一个主题中，形成系统的知识体系。这有利于学生在实际生活中运用知识解决问题，实现知识的综合运用。例如，在以健康生活为主题的教学活动中，教师可以整合生物、体育等多个学科的知识，帮助学生理解健康生活的重要性，并引导学生养成健康的生活习惯。

（四）培养学生的创新思维与实践能力

主题式教学鼓励学生自主探究、发现问题并解决问题。这有助于培养学生的创新思维和实践能力。例如，在以科技创新为主题的教学活动中，教师可以引导学生开展科技创新项目，探索新的科技应用的可能性。

为了更好地实施主题式教学，教师需要关注学生的实际需求，设计贴近生活的主题和活动，鼓励学生在实践中学习和运用知识，培养学生的创新思维和创新精神。同时，学校和社会也应该提供相应的资源和支持,为学生的主题学习提供更多的实践机会和平台。

五、评价多元化是主题式教学的条件与保障

评价作为主题式教学的关键环节,对于教学质量的提升和学生的全面发展具有重要影响。

主题式教学评价不再局限于传统的测试,而是采用多元化的方式。主题式教学评价不局限于学生的考试成绩,还关注学生其他方面的发展情况。教师会考虑学生在课堂表现、参与度、合作能力、创新思维等方面的情况。在评价学生的表现时,教师会关注学生的整个学习过程,而不是利用终结性考试进行一次性考核。多元化的评价更全面、更公正,能够真实反映学生的综合素养。同时,多元化的评价也能够激发学生的学习兴趣,让学生更好地发挥自己的优势,从而更好地成长和发展。主题式教学评价的多元化不仅体现在学生的成绩上,还体现在学生的创新能力和实践应用能力上。教师可以让学生设计一个主题项目,或者组织学生进行小组合作,从而考查学生的创新能力和实践应用能力。

主题式教学评价的多元化特征主要表现在以下四个方面。

(一)评价主体多元化

在主题式教学中,评价主体不再局限于教师,学生、家长甚至社会力量都可以参与到教学评价中。这不仅能够增强学生的主体地位,提高学生自我反思的能力,激发学生的学习热情,也能够促

使教师倾听多种声音、持续优化教学方式和教学策略。多元化的评价主体使得教学评价更加全面和准确，有利于更好地反映学生的综合素质和个性化发展需求。

（二）评价内容多元化

在主题式教学中，评价内容不仅仅包括知识的掌握程度，还包括学生的综合能力、情感态度、价值观等。教师通过对学生在实践活动中的问题解决能力、团队合作能力、创新能力等进行评价，能够更加全面地了解学生的综合素质。

（三）评价方式多元化

主题式教学的评价方式不再是单一的考试，而是多元化的，包括观察、访谈、作品评价、自我评价等。多元化的评价方式可以为教师提供丰富的反馈信息，有利于教师准确地了解学生的学习状况，从而调整教学策略，增强教学效果。

（四）评价过程多元化

主题式教学评价不仅关注结果，而且重视过程。在主题式教学过程中，教师可以进行即时评价，及时反馈学生的学习情况，引导学生发现问题并调整学习策略。同时，通过过程性评价，教师可以更好地了解学生的学习需求，为后续的教学提供依据。多元化的评价过程可以促进学生自我反思能力和自我管理能力的提高，有助于培养学生的自主学习能力和终身学习意识。

六、结语

主题式教学的这些基本特征相互联系、相互渗透,使得主题式教学形成了独特的体系。情境创设是主题式教学基本的、首要的条件,中观综合性是标尺与界限,开放性是主题式教学的不竭动力,实践应用性是认知的目的,评价多元化是主题式教学的重要保障。教师在实际教学中既不能忽视各个特征的价值与作用,又不能孤立地看待某一个特征,不能把各个特征割裂开来。教师应深刻领悟主题式教学的特征,根据主题式教学的特征开展教学活动,培养学生的综合素养和实践能力,促进学生全面发展。

第四节　主题式教学的价值

针对新课程实施中遇到的现实问题,主题式教学主要在知识的掌握、能力的提升、素养的形成等方面推动新课程的实施。主题式教学以主题为纲,以情境为线,以任务为导向,注重学习的整体性和系统性,是一种以问题为导向的教学方式。主题式教学在教学实践中具有可操作性,也具有重要价值。

一、有利于促进学生自主学习

主题式教学注重学生的主体地位,鼓励、引导学生主动参与学习活动，培养学生主动学习的意识和能力。在主题式教学过程中，学生可以通过自主选择学习资源、积极参与讨论、完成项目等方式进行自主学习，激发学习兴趣，提高学习的积极性和主动性。

在当今的教育环境中，自主学习能力的培养已经成为教育的重要目标之一。主题式教学通过设定主题，引导学生进行自主学习、自主探究，对于提高学生的自主学习能力具有重要的现实意义和实践价值。

（一）激发学生的学习兴趣

主题式教学以主题为核心，将知识点融入主题情境中，使学习更具趣味性和实用性，从而激发学生的学习兴趣，增强学习动力。

（二）培养学生的自主学习能力

在主题式教学中，教师通过引导学生自主探究、自主解决问题，使学生逐渐掌握自主学习的方法、培养自主学习能力。在主题式教学中，学生不再是被动接受知识的对象，而是学习活动的主体。主题式教学有助于培养学生的主体意识，发挥学生的主体性。

（三）提升学生的综合素质

主题式教学通过多元化的学习方式，如小组讨论、角色扮演、实地考察等，使学生在实践中体验学习的乐趣。主题式教学不仅注重知识的学习，而且注重学生思维能力、表达能力、协作能力的培养，有助于提升学生的综合素质。

二、有利于促进新课程的综合学习

主题式教学将学科内部知识,甚至不同学科的知识有机地结合起来,构建完整的体系。通过探究主题,学生可以学到综合性的知识。这种跨学科的学习方式有助于培养学生的综合思维能力和问题解决能力,有助于促进学生构建系统化的知识结构。主题式教学注重构建学科内部和学科之间的知识网络,旨在提高学生的综合学习能力。这具体表现在以下四个方面。

(一)深化知识理解

主题式教学通过设定主题,将分散的知识点串联起来,帮助学生构建完整的知识体系,加深学生对学科知识的理解。

(二)提升问题解决能力

主题式教学鼓励学生面对真实问题,引导学生运用所学知识进行多角度分析,从而提高学生的问题解决能力。

(三)拓宽视野,培养跨学科认知能力

在主题式教学中,教师通过引入不同学科的知识,可以帮助学生更全面地认识问题、拓宽视野,培养学生的跨学科认知能力。

三、有利于培养学生的思维能力与创新精神

主题式教学以主题为核心,主题贯穿于整个教学过程中。在

主题式教学过程中，学生自主获取知识，培养分析问题和解决问题的能力，培养逻辑思维能力和创新意识，激发学习动力和探究精神。主题式教学注重培养学生的综合能力。在主题式教学过程中，学生需要通过观察、讨论、探究等方式获取知识，积极提出问题、解决问题，从而培养创新能力和实践能力。

主题式教学有助于提升学生的分析思维能力。通过主题式学习，学生需要从多角度、多层次对主题进行分析和探究，从而提升分析思维能力。

主题式教学有助于提高学生的批判性思维能力。在主题式教学中，教师鼓励学生提出自己的观点，鼓励学生质疑，引导学生进行批判性思考，从而提高学生的批判性思维能力。

主题式教学有助于提高学生的创新性思维能力。主题式教学鼓励学生发挥想象力和创造力，通过探究和合作学习，寻找新的观点和解决方案。同时，主题式教学鼓励学生挑战传统观念、探究未知领域。在主题式教学过程中，学生需要独立思考、勇于尝试，从而培养创新精神。主题式教学注重学生的实践能力。通过参加实践活动，学生可以将理论知识转化为实践能力。这也在一定程度上提高了学生的创新思维能力。

四、有利于促进教学实效的提升

主题式教学注重激发学生的学习兴趣，提高学生的学习积极性和主动性，促进学生综合能力的培养，使学生所学的知识得到更好的运用和巩固，从而提高教学实效。主题式教学是一种富有创新性和实用性的教学方式，在促进教学实效提升方面具有显著的优势。

主题式教学具有明确的教学目标，主题的选择紧扣课程大纲，这有助于学生系统地掌握知识。主题式教学以主题为核心，将相关知识串联起来，引导学生形成完整的知识体系，从而提升教学实效。

主题式教学注重创设与现实生活紧密相连的情境，吸引学生的注意力，激发学生的学习兴趣和探究欲望。学生的自主学习能力和探究能力不断提升。教学实效显著。

五、有利于促进教师教学方式的转变

主题式教学要求教师扮演引导者、指导者和组织者的角色，要求教师引导学生全面地探究和学习所选的主题。这有利于促进教师教学方式的转变，有利于激发教师的教学热情，提高教师的教学水平。

在教育改革中，教学方式的革新一直是重中之重。传统的教学方式已无法满足现代教育对学生综合素质培养的要求。主题式教学在促进教师教学方式转变方面具有突出的价值。

（一）强化学生的主体性

主题式教学注重学生的主体地位，要求教师转变传统的以“教”为主的教学观念，强化学生的自主学习、合作学习，提高学生的参与度和积极性。在主题式教学中，教师通过开展丰富多彩的主题活动,使学生在轻松愉快的氛围中学习知识。这不仅有利于激发学生的学习兴趣,也有利于培养学生的创新思维和实践能力,提高学生的综合素质。

(二)提升课堂教学的针对性

主题式教学以主题为核心,将教学内容进行有机整合,使教学更加系统、连贯。这有助于提高教师的教学效率,同时也有助于学生更好地理解和掌握知识。主题式教学要求教师在进行教学设计时充分考虑学生的实际情况和个性差异。这使得教学活动更加具有针对性和实效性,能够有效地增强教学效果。同时,学生在主题式教学中获得的自主学习能力和合作学习能力,将对其未来的发展产生积极影响。

(三)促进教师专业发展

主题式教学要求教师具备较高的课程设计能力和课堂组织能力,对教师的专业素养提出了更高的要求。教师通过不断学习来更新知识结构,有效地促进了自身的专业发展。

第五节　主题式教学与研究性学习

主题式教学并不追求包揽一切的“大概念”或所谓的某种“大教学观”,但也不过于纠结教学中细枝末节的问题。主题式教学将围绕某一主题的一系列相关问题串联起来,组成一个“学习矩阵”

或“知识群”。但主题式教学在某些方面不可避免地与研究性学习相重合，使我们在理解上存在混淆的可能。为了明确把握主题式教学与研究性学习的兼容性，以及各自的独特优势，我们将分析主题式教学与研究性学习的关系。

一、研究性学习

研究性学习是一种以学生为中心的学习方式。它强调学生在教师的指导下，通过亲身实践，主动发现问题、解决问题，从而获取知识和技能。在研究性学习过程中，学生不仅可以学到知识，而且可以学会思考、探索和创新。

研究性学习可以在教学过程中进行，也可以脱离课堂教学来进行。也就是说，学生可以成立学习小组或课题小组，围绕某一问题进行研究。研究性学习具有以下四个特征。

一是主动性。研究性学习强调学生的主动参与。学生不是被动接受知识的对象，而是学习过程中的主体。

二是实践性。研究性学习注重实践活动，学生通过亲身体验来获取知识和技能，培养实际操作能力。

三是探索性。研究性学习鼓励学生自主探索、寻找问题的答案，培养学生的创新思维能力和解决问题的能力。

四是合作性。研究性学习常常需要学生组成课题小组、学习小组等来进行合作，有助于培养学生的团队协作能力和沟通能力。

研究性学习在学校教育中有着相对明显的优势。首先，研究性学习有利于提升学生的学习兴趣。研究性学习使学生从被动的接受者变为主动的学习者。学生可以自主选择擅长或感兴趣的问题来开展研究性学习。这能够激发学生的学习兴趣。其次，研究性学习有利于培养学生的创新能力。研究性学习鼓励学生自主探索、发现新知识。这能够培养学生的创新能力。再次，研究性学习有利于提高学生的实践能力。研究性学习注重实践活动，能够增强学生的实践能力和操作技能。最后，研究性学习有利于培养学生的协作精神。在研究性学习的过程中，学生常常需要分组进行学习和讨论，这有利于培养学生的协作精神。

研究性学习在新课程改革的背景下具有重要的现实价值。随着科学技术的不断发展，特别是随着网络学习方式的广泛应用，传统的以知识传授为主的教学方式已经不能适应时代的要求。现代社会需要具有研究能力、创新精神和合作意识的人才，而这些素养的培养正是研究性学习的重要目标。因此，开展研究性学习具有重要的现实意义。

二、主题式教学与研究性学习的区别

主题式教学与研究性学习并不是泾渭分明的，主题式教学在很大程度上依赖研究性学习这种方式。可以说，研究性学习是主题式教学的一部分，是在“学”的主要方法。但主题式教学也强调“教”的重要性。也就是说，主题式教学既注重学生的自主探究，又充分发挥教师在教学过程中的主导作用。在主题式教学中，对于各种复杂的教学主题，当“研”则“研”，当“教”则“教”。从狭义上来看，主题式教学与研究性学习有以下两点区别。

从教学目标来看，主题式教学以传递知识为目标，注重学生对特定主题的理解和掌握，而研究性学习则注重培养学生的探究精神和创新能力，鼓励学生自主发现问题、解决问题。

从学习内容来看，主题式教学的学习内容通常由教师选定，主要集中于某一学科领域，当然，学生也可以适当地进行跨学科学习，而研究性学习的学习内容则由学生自主选择，可以跨越多个学科领域。

三、主题式教学与研究性学习的联系

主题式教学是从教学内容上来定位教学，研究性学习是从学习方法上来定位教学。研究性学习是主题式教学必不可少的学习方法。主题式教学与研究性学习之间也有许多共同点。

一是具有共同的教育理念。主题式教学和研究性学习都强调学生的主体地位，倡导自主、合作、探究的学习方式，注重培养学生的创新思维和综合素质。

二是相互补充。主题式教学可以为学生提供系统的学科知识，为研究性学习提供必要的知识基础；而研究性学习则可以培养学生的自主学习能力和创新精神，为主题式教学提供有益的补充。

三是具有共同的目标。主题式教学和研究性学习都注重提高学生的思维能力、实践能力和解决问题的能力，帮助学生树立正确的学习态度和价值观。

通过对主题式教学和研究性学习的比较分析可以看出，这两种教育方式各有侧重，但并非相互排斥。它们可以相互借鉴，相互补充，相互融合，共同促进学生全面发展。在实际教学中，教师可以根据具体情况灵活选择与运用合适的教学方式，从而取得更好的教学效果。同时，在主题式教学的研究与实践中，教师需要继续挖掘研究性学习的应用方法与价值，推进主题式教学顺利开展。

第六节　主题式教学与大单元教学

主题式教学与大单元教学是新课程改革中备受关注的教学方式。这两种教学方式都具有自身的特点和优势，也具有一些相通的理念与特征。从广义上来说，大单元教学也是一种主题式教学，但主题式教学有着更广泛的意义与实践形式。

一、大单元教学

大单元教学是一种以学科知识为核心的教学方式，其教学单元一般是根据教材原有的线性单元或章节来设定的。大单元教学一般具有以下三个特点。

一是以学科知识为核心。大单元教学以学科知识为主线，通过大单元的设计，帮助学生系统地掌握学科知识。

二是强调知识的完整性和系统性。大单元教学注重知识的内在联系和逻辑关系，帮助学生构建完整的知识体系。

三是注重深度学习。大单元教学鼓励学生深入探究学科知识，培养学生的思维能力和解决问题的能力。

二、主题式教学与大单元教学的差异性

主题式教学与大单元教学都是现代教育中重要的教学方法。它们之间存在一些差别。

(一)主题设置方式的差别

主题式教学以主题为核心,教学内容紧紧围绕主题。主题的设置通常是基于现实生活中的情境和问题,旨在培养学生的实际应用能力和解决问题的能力。而大单元教学则通常以学科知识为核心,单元的设置注重学科知识结构的线索性。从教学内容的组织来看,主题式教学以现实主题为核心,注重学科知识的整合,而大单元教学则以学科知识为主线,注重知识的系统性和完整性。在课程设置上,主题式教学与大单元教学有不同的策略。主题式教学通常围绕一个核心主题,精选一系列相关的学科知识,形成一套完整的课程体系;而大单元教学则以学科知识体系为基础,通过划分不同的大单元,将教学内容串联起来,以便学生系统地掌握学科知识。

(二)教学目标导向的差别

主题式教学注重学科内或跨学科的综合性学习,强调在情境中解决问题,培养学生的综合素质和创新能力。而大单元教学则注重学科知识的系统性和深度,旨在培养学生的学科素养和学术能力。

（三）教学设计理念的差别

主题式教学在教学设计上更注重灵活性和开放性，通常会利用实物、图片、视频等多种教学资源，让学生在多维度的学习环境中探究和解决问题。而大单元教学则更强调教学设计的逻辑性和层次性，注重学生的认知发展规律，帮助学生建立完整的学科知识体系。

（四）评价方式侧重点的差别

主题式教学评价更注重过程性和多元性，强调学生的参与度、合作能力和创新思维能力。评价方式包括学生自我评价、小组评价和教师评价等。而大单元教学的评价则更注重结果和标准化。大单元教学通常采用考试、测验等标准化评价方式，检测学生对学科知识的掌握程度和应用能力。在评价和反馈环节，主题式教学与大单元教学有着独特的优势。主题式教学通过鼓励学生进行合作，培养学生的综合素质和创新能力，同时借助多样化的评价方式，让学生积极参与到课堂教学中。而大单元教学则以教师为主导，教师通过深入浅出的讲解，帮助学生掌握学科知识，并及时给予学生反馈和指导，增强教学效果。

综上所述，主题式教学和大单元教学有自身的特点和优势。在实际教学中，教师可以根据教学内容、学生特点等，灵活运用两种教学方法，从而达到更好的教学效果。例如，对于一些具有挑战性的主题，比如地理学科中的专题问题、历史学科中的横向比较问题和思想政治学科中的时事热点问题，教师可以采用主题式教学法,围绕一个主题开展教学,激发学生的创造力和主动性;而对于一些基础性的学科知识,教师可以选择大单元教学法,把知识串联起来,在单元的构架下进行教学,以便学生能够系统地掌握和理解知识。

三、主题式教学与大单元教学的相融性

主题式教学中包括大单元教学,因为单元可以统一于一个主题之中,但主题式教学并不拘泥于教材的原有单元,教师可以跨单元甚至跨学科来整合教学主题。主题式教学与大单元教学有着较多的相融性,具体表现在以下三个方面。

(一)教学资源的整合性

主题式教学与大单元教学都强调课程资源的整合。主题式教学通过主题的引领,将必备知识、关键能力、学科核心素养等目标整合在一起,突出教学结构的综合性。大单元教学则通过大单元的设计,对各要素进行整合,构建具有关联性的局部学习体系。这两种教学方式都有助于培养学生的综合思维能力。

(二)知识的系统性

主题式教学与大单元教学都注重教学的系统性。主题式教学以主题为核心,通过创设情境、开展探究学习等方式,引导学生系统地掌握主题统领下的横向与纵向的知识。大单元教学则以知识单元为基本单位,通过整体设计、分层实施等方式,帮助学生系统

地构建知识体系。

（三）学习方式的探究性

主题式教学与大单元教学都提倡探究性的学习方式。主题式教学通过引导学生探究主题，培养学生的学习能力和问题解决能力。大单元教学则通过引导学生探究大单元知识体系，培养学生的探究精神和创新思维能力。主题式教学与大单元教学都有助于学生自主探索、合作研究、深度学习，培养创新精神。

在具体的教学实践中，教师可以根据教学内容和学生实际情况，将主题式教学与大单元教学结合起来，发挥各自的优势，增强教学效果。例如，教师可以根据大单元的知识体系，设计相应的主题情境，引导学生进行探究学习；教师也可以在大单元教学中根据学生的实际情况和兴趣爱好，设计具有挑战性的主题任务，引导学生进行系统的学习和探究。这有助于激发学生的学习兴趣，增强学生的学习效果。

在教学过程中，不论是开展主题式教学还是开展大单元教学，教师都需要与学生进行良好的沟通，关注学生的学习进度和情感需求。针对不同学生的特点，教师应制定差别化的指导方案，以便更好地引导不同层次的学生在最近发展区内发掘潜能、体验成功。在主题式教学和大单元教学中，教师应该采取多种评价方式，及时发现学生存在的问题，及时帮助学生扫清知识障碍、纠正理解偏差，以便更全面地了解学生的学习进程。

为了增强教学效果，教师还应注重教学资源的开发与利用，将优质的网络资源、校内教学资料、社区资源和社会教育资源等融入课堂教学中。此外,教师还可以邀请相关领域的专家和企业家,为学生提供丰富的教学资源。这样能够促进主题式教学和大单元教学发挥各自的优势。

第七节 主题式教学与议题式教学

议题式教学是一种以议题为载体,通过讨论、辩论等方式开展教学活动的教学方式。在议题式教学中,教师根据学生的实际情况和学科特点,选择合适的议题,引导学生进行讨论、辩论。

一、主题式教学与议题式教学的区别

主题式教学和议题式教学是有着明显交集的两种教学方式。它们都强调学生的主动性和探究性。但它们也存在一些差异,具体表现在以下三个方面。

(一)引导思维方向的差别

主题式教学的主题具有明确的聚合性。在主题式教学中,教师围绕一个明确的主题开展教学活动,教学过程中的各个环节都紧密地围绕着主题。

而议题式教学具有开放性的特征。议题式教学的议题通常是开放性的,甚至可以是发散性的。在议题式教学中,教师鼓励学生从不同的角度思考问题,激发学生的思辨能力和创新精神。

(二)教学方式和学习方式的差异

主题式教学的核心是主题,教学活动围绕主题开展。主题式教学具有较强的探究性、研究性。主题式教学鼓励学生自主探究、发现问题、分析问题和解决问题,培养学生的探究精神和研究能力。教师可以采取议论的方式,也可以采取主题讲授、阅读、思考、活动模拟等方式来开展教学活动。而议题式教学的核心是议题,教学活动以讨论议题为主线,教学方式也以讨论或议论为主。学生通过交流、争论、辨析等方式,深入探讨议题,培养语言表达能力、逻辑思维能力。

(三)实践性的强弱不同

主题式教学的实践性较强。虽然主题的研究可以从认知层面来开展,但是主题式教学更注重实践与应用。学生通过实际操作和体验深入探究主题,不仅能提高认知能力,也能提高实践能力。而议题式教学往往注重课堂议论,大部分议论限于认知层面,如提出问题、分析问题、推理、辩论、讨论、归纳等,在实践方面要求不高。议题式教学注重培养学生的逻辑思维能力和研究能力。

二、主题式教学与议题式教学的联系

主题式教学与议题式教学具有一定的相通性和包容性,具有一定的联系,具体体现在以下三个方面。

(一)目标一致

主题式教学与议题式教学在目标上具有一致性。主题式教学与议题式教学都旨在提高学生的综合素质和能力,培养学生的创新精神、思维能力和实践能力。具体而言,主题式教学注重综合性和整体性思维的培养,而议题式教学则注重学生批判性思维的培养。

(二)内容互补

主题式教学与议题式教学在内容上具有互补性。主题式教学通常以某一主题为核心,整合相关知识,构建完整的教学体系。主题式教学能够帮助学生全面了解某一主题的相关知识。而议题式教学则通过选择具有现实意义或具有争议性的议题,引导学生进行深入讨论和辩论,培养学生解决问题的能力。这两种教学方式在内容上相互补充,能够更好地满足学生的学习需求。

(三)过程互动

主题式教学与议题式教学在教学过程中具有互动性。主题式教学通常采用探究式学习方式,引导学生主动探究、发现和解决问题。在这个过程中,学生需要进行小组讨论、合作探究等,营造互动交流的学习氛围。议题式教学在小组讨论、探究方面与主题式教学是一致的。议题式教学注重生生之间、师生之间的互动交流,通过讨论和辩论等方式,引导学生积极参与教学过程。这两种教学方式都强调互动性,都能够增强学生的学习效果。

通过以上分析可以看出,主题式教学与议题式教学具有一定的联系。主题式教学可以借鉴、引入或设置一系列议题。教师可以把议题式教学引入主题式教学中,将其作为课堂教学的一个环节。议题式教学可以在议论中更好地把握主题线索,从而增强指向性。

三、具体教学应用分析

在主题式教学中,学生可以通过探究、自学等方式来实现学习目标。学生根据特定的主题,通过阅读相关的教材、文献等,自主探究,获取知识。这种学习方式适合知识点较为集中、理论性较强的课程内容。例如,《普通高中教科书 思想政治 必修1 中国特色社会主义》《普通高中教科书 思想政治 必修3 政治与法治》中的制度性主题,涉及我国的政治制度、经济体制等多个方面的内容,政策性知识点较为密集,因此,教师适合开展主题式教学,引导学生根据自己的学习进度和兴趣阅读文献资料、深入挖掘主题内容,加深对相关理论的理解。

议题式教学适合涉及多方面知识、需要深入思考和探讨的课程内容。例如,《普通高中教科书 思想政治 选择性必修2 法律与生活》中的相关内容涉及法律、道德、社会等多个方面,教师可以引导学生采用议题式讨论的方式进行学习,拓宽学生的思路,使学生更好地理解相关知识。

综上所述,主题式教学和议题式教学虽然具有不同的教学要求,但是并不是截然对立的教学方式。二者各有所长。在实际教学中,教师可以根据教学内容、学生实际情况、教学目标等因素,灵活选择和运用教学方式,以达到更好的教学效果。同时,教师也可以取长补短,将两种教学方式有机结合起来,发挥两种教学方式的优势,提高教学质量。

第八节　主题式教学与项目化学习

项目化学习是一种以项目为核心,引导学生通过自主探究、合作学习的方式完成实际项目或任务的教学方式。项目化学习强调实践性和创新性,旨在培养学生的问题解决能力、创新思维能力和实践能力。项目化学习通常涉及真实的、具有挑战性的任务。学生在完成项目的过程中,需要综合运用所学知识和技能,解决实际问题。

项目化学习更多地强调实践性的学习活动。而主题式教学可以不拘泥于研究、议论或项目活动。主题式教学可以兼容项目化学习。主题式教学的主题可以是社会实践或研究的一个项目,可以是教材中的单元主题,也可以是超越单元的专题或一些综合性的问题。主题式教学从内容到形式,都有着更广阔、更灵活的教育视野。通过具体分析可以发现,主题式教学与项目化学习既存在一定的区别,又具有一定的联系。

一、主题式教学与项目化学习的区别

主题式教学和项目化学习在认知的侧重、学科整合和学习方

式等方面存在一定的区别。

（一）认知的侧重不同

主题式教学通常以某一主题为核心，对相关知识进行整合，形成完整的课程体系，涵盖了从认知到实践的多方面知识。而项目化学习则以实际项目或任务为载体，学生在完成项目的过程中学习知识和技能。项目化学习更多地强调在实践中学习。

（二）学科整合存在差异

在主题式教学中，教师可以在单一学科内部确定主题，可以从知识的横向联系中寻找主题，也可以跨学科确定主题，打破传统学科之间的界限，使学生能够从整体上理解和掌握知识。项目化学习的内容一般都是跨学科的综合性项目。项目化学习注重通过多学科、多角度的实践探索，让学生亲历探索过程、解决生活中的实际问题，强调将所学知识应用于实际项目中。

（三）学习方式不同

主题式教学主要采用教师引导、学生探究的方式，注重师生配合，将传统的讲授式教学与现代的探究性学习结合起来。项目化学习强调学生的自主探究和合作学习，学生在完成项目的过程中需要发挥主观能动性。项目化学习的核心是学生主动参与。学生主动参与项目，可以自己确定研究项目，制订计划，搜集资料，完成任务，通过亲身实践来加深对知识的理解和记忆。同时，在主动参与项目的过程中，学生也能培养自主性、责任感和团队协作精神。

二、主题式教学与项目化学习的联系

尽管主题式教学和项目化学习在一些方面有所不同，但它们也存在一定的联系。

（一）注重学生的主体性和主动性

主题式教学和项目化学习都强调学生的主体地位，要求学生积极参与、主动探究，从而增强学生的学习效果、提高综合素质。主题式教学和项目化学习都关注学生的主体性，充分尊重学生的个性差异。教师在教学过程中采取差异化的教学策略，从而满足不同学生的学习需求，充分发挥学生的主体作用，激发学生的学习动力。学生的学习动力是影响学习效果的关键因素。教师应设计有趣的主题，进行项目引导，整合多样化的教学内容，采用灵活多样的教学方法，营造积极的学习氛围，极大地激发学生的学习兴趣，使学生更加主动地参与到学习活动中。教师应鼓励学生积极参与与主题或项目相关的实践活动，培养学生研究问题的能力、解决问题的能力、实践能力和创新思维能力，让学生在实践中体验学习的乐趣，提高学生的学习主动性。

（二）具有跨学科性质

主题式教学和项目化学习都可以跨越学科界限，为达成教育目标整合不同学科的知识，从而培养学生的综合能力。主题式教学不一定要跨越学科，但是为了研究某个主题，教师可以突破学科限制,在相关的学科中整合有关信息与素材。这使得学生在探究过程中对不同学科知识进行融会贯通。主题式教学不仅能够提高学生的知识迁移能力,也能够培养学生的综合素质。例如,在有关环境保护的主题式教学中,教师可以将生物、地理、化学等学科的相关知识整合到环境保护这一主题中。学生通过探究环境污染、生态平衡等问题,不仅可以学习相关学科的知识,也可以培养环保意识和社会责任感。

项目化学习是一种以真实项目为基础,通过团队协作解决实际问题的教学方式。项目化学习强调知识的综合运用和实践能力的培养,具有显著的跨学科性质。在项目化学习中,学生往往需要综合运用不同学科的知识解决实际问题。例如,在"城市规划"的学习项目中,学生需要运用地理、社会学、经济学等学科的知识,对城市的发展进行规划。

(三)具有实践性

主题式教学和项目化学习都强调实践性,要求学生在情境中应用所学知识和技能,提高问题解决能力和实践能力。主题式教学和项目化学习都注重实践和应用,都强调将理论知识与实践结合起来。在主题式教学中,教师可以设计一些实践活动,让学生在实践中理解和掌握主题知识。在项目化学习中,学生在真实的项目中运用所学的知识,解决实际问题。主题式教学和项目化学习都注重培养学生的团队合作意识与能力。主题式教学和项目化学习常常采用小组合作的形式,让学生在小组合作中学习和交流。在主题式教学中,学生在小组内进行讨论和交流,共同完成主题学习的任务。在项目化学习中,学生在小组内分工合作,共同完成一个真实的项目。主题式教学和项目化学习都能够满足学生多样化的学习需求。

通过分析可以看到,主题式教学和项目化学习都强调学生的主动性和参与性,注重培养学生的团队合作能力。主题式教学和项目化学习在新课程教学中具有较高的实用价值和发展前景。同时,主题式教学和项目化学习有各自的独特之处。这使得它们在不同的教学场景中都能发挥出独特的优势。因此,教师在实际教学中应根据具体的教学需求和学生的学习特点选择合适的教学方法,从而更好地实现促进学生全面发展的目标。

第二章　主题式教学的基本模式

第一节 主题式教学的模式化与非模式化

在教学研究中,研究者对于教学的模式化和非模式化有不同的看法,有的研究者赞同教学模式化,而有的研究者反对教学模式化。赞同者认为,教学模式化可以使教师在一定的教育思想、教学理论和学习理论的指导下开展教学活动。而反对者则认为,教学模式化限制了教师的创新力,也影响了教学的开放性。

对于年轻教师,特别是刚刚走上教学岗位的教师来说,教学模式为他们呈现了相对明确的教学流程和教学方法,使他们比较便捷地进入教师角色并找到课堂教学的入门之路。因此,在实践中探寻、积淀或归纳出来的某些特定的教学模式有着不可低估的作用。不过,教学模式不是一成不变的,教师不能僵化地、机械地照搬照抄。随着时代、环境的变化和教育教学的发展,任何一种教学模式都应适时地进行调整和完善。只要始终坚持理论与实践相结合,一切从实际出发,既尊重教育规律,又充分发挥主观能动性,不断地在实践中探索和革新,教师就可以把模式变为教学设计的便捷框架,提升备课效率和教学效率。

一、模式化的主题式教学的基本课型

根据新课程标准的要求,我们主要从教学内容的维度来分析主题式教学的模式。按照教学内容来划分,主题式教学可以分为新课、复习课、讲评课和活动型课等基本课型。

二、教学设计的模式化与非模式化

在主题式教学实践中，教师可以通过模式化来简化教学设计流程，但又不能机械地将教学设计完全模式化，而应该根据具体的教学情境和教学目标进行选择。一方面，教师应承认教学设计模式化的优势，积极推广优秀的教学模式。另一方面，教师也应关注教学设计非模式化的价值，在遵循基本教学规律的前提下，发挥个人的创造性，探索更加适合特定教学任务的教学方法和策略。

(一)教学设计模式化的价值

1. 进行规范化操作

教学设计模式化有利于规范教师的教学行为，确保教学过程的稳定性。通过遵循一定的模式，教师可以减少教学中的随意性和盲目性，提高教学效率。

2. 传承经验

模式化的教学设计可以将优秀教师的教学经验和方法提炼成固定的模式，便于新教师学习和掌握。这有助于传承优秀教师的教学理念，减少新教师自我摸索的时间，提高教学质量。

3. 简化教学过程

模式化的教学设计能够简化教学过程，使教师更容易理解和操作。在面对复杂的教学任务时，教师可以根据一定的模式进行教学设计，降低教学难度，增强教学效果。

（二）教学设计非模式化的优势

1. 适应个性化的教学需求

非模式化的教学设计强调教师根据具体的教学情境和学生的个性需求进行教学设计。通过采用灵活的教学策略和多样化的教学手段，教师可以更好地满足学生的个性化需求，增强学生的学习效果。

2. 提高教学思路

非模式化的教学设计鼓励教师打破传统教学模式的束缚，发挥个人的创新精神，探索更加适合特定教学任务的教学方法和策略。这有助于推动教学改革的深入发展，提高教学质量。

3. 提高教师的专业素养

非模式化的教学设计要求教师具备较高的专业素养和教学能力。在教学实践中，教师需要不断思考，不断探索，不断创新。这有助于提高教师的专业素养和教学能力，促进教师专业成长。

三、主题式教学模式化的常规设计流程

(一)确定主题

教师首先需要确定一个与课程内容紧密相关的主题。主题应具有现实意义,能够引起学生的兴趣,并能够涵盖教学内容。

(二)制订教学计划

教师需要根据主题制订详细的教学计划,包括教学目标、教学内容、教学方法和评价方式等。

(三)组织教学活动

教师需要设计丰富多样的教学活动,如小组讨论、实地考察、角色扮演等,引导学生主动参与、积极思考。

(四)总结与反思

在教学活动结束后,教师需要对教学过程进行总结和反思,以便进一步提高教学质量。

四、主题式教学模式化的要求

(一)教学内容具有开放性

主题式教学不局限于教材,而是以主题为核心,对相关知识进

行整合。这使得教学内容更加丰富多彩,有助于拓宽学生的视野。

(二)教学方式具有开放性

主题式教学鼓励教师采用多种教学方式,如讨论、探究等。多样化的教学方式能够激发学生的学习兴趣,培养学生的自主学习能力和合作学习能力。

(三)学生思维具有开放性

在主题式教学中,学生是积极参与教学活动的学习主体。主题式教学鼓励学生自主探究、发现问题、解决问题,有助于培养学生的创新思维和批判性思维。

(四)评价方式具有开放性

主题式教学的评价方式应具有开放性。除了传统的考试和测验之外,教师还可以采用作品评定、口头表达、互相评价等方式对学生的表现进行全面评估。

(五)教学资源具有开放性

在主题式教学中,教学资源不仅仅局限于教材,还包括网络资源、社会资源等。这有助于教师充分利用各种教学资源,提升教学质量。

总的来说,主题式教学要求教师系统地设计主题并围绕主题开展综合性的教学活动,要求教师对各种模式进行创新,根据教学实际进行个性化的课型开发。同时,教师也应鼓励学生在互联网技术不断进步的背景下利用新技术、新手段和新方法来开展自主学习。

第二节 主题式新课教学

新课教学是主题式教学的一种基本模式。新课教学是以新知识内容的教学为主要任务的课型。其教学内容以新的概念、新的理论、新的技能等为主。与复习课、练习课等其他课型相比,新课教学是日常教学中占据最大比例的课型。

在新课程改革的背景下,主题式新课教学更加突出教学主题,更加强调教学的整合性、情境性和应用性。主题式新课教学是新课程教学的常规形式,在主动学习、深度学习、合作学习、探究学习等方面显示出较大的优势。主题式新课教学以主题为核心。在主题式新课教学中,教师整合教学内容,设计形式多样的教学活动,引导学生在主动参与中掌握知识和深化理解。

一、主题式新课教学的基本流程

(一)确定主题

教师首先需要深入理解教材,明确核心主题。教师需要对课程内容进行深入分析,明确主要知识点和教学目标。通过对课程内容的把握,教师可以确定与课程内容紧密相关的主题。

在确定主题时,教师需要考虑学生的需求和兴趣。通过评估学生的知识储备、学习风格和兴趣点,教师可以找到与学生生活经验、认知水平相符的主题,从而激发学生的学习兴趣和探究欲望。

将课程内容与现实生活情境结合起来,是确定主题的一个重要途径。教师可以选取生活中的热点问题、与学生生活紧密相关的主题,使学生在学习过程中能够感受到知识的实用价值。

教师可以通过寻找不同课节、不同学科之间的联系,将与主题相关的多个知识点融入一个主题中,从而培养学生的综合应用能力和跨学科思维能力。

主题的选择不仅要有指向性,还要有开放兼容性。主题不是封闭的。对于主题之下的问题,教师不必苛刻地、机械地预设标准答案。在课堂学习中,很多问题往往没有固定的标准答案,学生在探究问题的过程中进行深入思考和讨论,培养创新意识和批判性思维。

(二)整合内容

教师围绕主题对教学内容进行整合,将知识点串联起来,构建主题化的知识网络。在整合教学内容时,教师可以从以下三个方面着手。

第一,以关键词为线索进行学科内的整合或跨学科的整合,对相关知识进行梳理。关键词可以理解为核心概念。主题确定后,教师可以围绕核心概念进行跨学科整合,将不同学科的知识点融入主题中。很多课程本身就具有跨学科的整合性。以关键词为线索对内容进行整合有利于学生更深刻、更全面、多维度地掌握学习内容。以思想政治学科为例,对于“发展道路的选择”这一主题,教师可以在学科内把《普通高中教科书 思想政治 必修1 中国特色社会主义》第二课“只有社会主义才能救中国”与《普通高中教科书 思想政治 必修3 政治与法治》第一课“历史和人民的选择”的相关内容整合起来,也可以进行跨学科的整合,引入历史学科的相关知识。

第二,理论与实践相结合。在整合教学内容时,教师应注重将理论知识与实践活动结合起来,让学生在实践活动中加深对理论知识的理解。

第三,引入前沿知识、热点时事。教师可以适时引入与主题相关的社会热点、研究成果等,保证教学内容的时效性。

(三)设计活动

教师根据主题和教学内容,设计多样化的教学活动,如情境创设、小组讨论、角色扮演、案例分析等,引导学生通过亲身体验深化理解。

1. 情境创设

设计活动的关键是进行情境创设。教师通过创设与主题相关的情境,让学生身临其境地理解主题,提高学习兴趣。教师可以通过多媒体展示、实物展示、模拟场景等方式来创设情境。

2. 小组讨论

教师将学生分成多个小组,各小组围绕主题展开讨论。小组讨论可以激发学生的学习热情和学习动力，促进学生之间的交流与合作。教师应注意引导学生深入讨论，避免偏离主题。

3. 角色扮演

学生扮演与主题相关的角色，通过亲身体验加深对主题的理解。角色扮演有助于学生有意识地从不同的角度思考问题，有助于提高学生的思维能力和认知水平。

4. 案例分析

教师选取与主题相关的、具有代表性的案例，引导学生深入分析。案例分析有助于学生深入理解教学内容，有助于学生对知识进行综合运用，也有助于提高学生分析问题和解决问题的能力。

（四）实施教学

教师根据教学设计，有序地开展教学活动，引导学生主动参与，鼓励学生表达自己的观点和见解。主题式新课教学主要有以下五个环节。

1. 导入环节

教师围绕主题设计引人入胜的导入环节，激发学生的兴趣和好奇心。教师可以通过故事、问题等来创设情境，导入主题。

2. 知识呈现环节

教师用生动、形象的方式呈现知识，帮助学生形成感性认识。

教师可以采用图片展示、视频展示、实物演示等多种教学手段。

3. 互动交流环节

教师组织学生进行互动交流,分享彼此的见解和体验。这一环节有助于培养学生的沟通能力和批判性思维能力。

4. 探究深化环节

教师引导学生进行深入探究,挑战学生的思维极限。教师可以通过设计问题链、组织辩论等方式引导学生挖掘知识的深层内涵。

5. 应用实践环节

教师设计具有实践性的练习和活动,使学生将所学知识运用到实践中。这有助于培养学生解决问题的能力和创新能力。

(五)反馈与调整

在主题式新课教学过程中,教师应关注学生的反馈,及时调整教学策略,确保教学目标的实现。同时,教师应鼓励学生进行自我评价,培养学生的反思能力。教师应引导学生对所学内容进行总结,帮助学生梳理知识结构,加深学生对所学内容的记忆和理解。同时,教师还应鼓励学生反思自己的学习过程、总结学习方法与经验。主题式新课教学中反馈矫正的方式主要有以下三个。

1. 目标导向的反馈矫正

在教学开始前,教师应明确教学目标,让学生了解学习重点和难点。同时,教师需要根据教学目标制定评价标准,以便在教学过程中进行有效的反馈。在教学过程中,教师需要及时对学生的表现进行反馈,指出学生的优点和不足,帮助学生发现问题,并指导学生改正错误。此外,教师可以通过课堂练习、小组讨论等方式,引导学生进行自我反馈,提高学生的自我认知能力。针对学生在学习中出现的问题,教师需要采取适当的矫正方法。例如,对于知识点掌握不牢的学生,教师可以采取重复讲解、举例说明等方式进行矫正;对于学习方法不当的学生,教师可以指导其改进学习方法、提高学习效率。

2. 学生主体的反馈矫正

学生的主动学习不是自发产生的,而是在教师的引导下形成的。教师依据教育学、心理学,以及学生的年龄特点、认知规律、学习心理等逐步引导学生进行自主学习。学生在学习过程中的自主参与程度不仅取决于学生的个性差异,还取决于教师主导作用发挥的方式和程度。教师不能以自己的思想去束缚或代替学生的思想,学生自我反思、自我检测、互相测评是主题式新课教学课堂反馈的基本方式。在发现问题之后,教师不要急于定性或纠偏,而要耐心分析学生存在的问题。教师在纠偏与指导的过程中应与学生充分沟通,集思广益,这才是基于学生主体性的反馈矫正。

3. 合作学习中的反馈矫正

合作学习中的反馈矫正是培养合作意识的重要方式。学生参与课堂活动的交互作用对于知识的建构具有重要影响。小组合作学习是这种交互作用的主要体现形式。在小组合作学习中，教师作为教学过程的组织者、指导者和参与者，为学生设置探究的情境，营造探究的氛围，同时又积极参与学生的探究活动，平等地对待每一位学生，积极帮助学生解决探究过程中遇到的疑难问题。当学生取得探究成果时，教师还应给予肯定和鼓励。当学生的探究方向出现偏差时，教师应予以纠正。这就是教师指导下的合作学习中的反馈矫正。

(六)评估与总结

教学结束后，教师应在学生自主反思的基础上对学生的学习成果进行评估，并总结教学经验，为今后的教学提供改进依据。

二、主题式新课教学的实施要求

第一，以学生为中心。教师在开展主题式新课教学的过程中，应始终以学生为中心，关注学生的需求和反馈，确保教学策略有效实施。

第二，充分利用教学资源。教师应充分利用各种教学资源，如网络资源、教具、多媒体等，丰富教学手段，增强教学效果。

第三，营造良好的学习氛围。教师在教学过程中应积极营造良好的学习氛围，鼓励学生积极参与、敢于表达自己的观点和见解。同时，教师应尊重学生的个性差异，关注学生的全面发展。

第四，注重知识的兼容整合与交叉。教师在设计主题时应注重学科内知识的兼容整合与学科间知识的交叉融合，帮助学生构建完整的知识体系。这有助于培养学生的综合素质和创新能力。

第五,及时评估与反馈。教师在教学过程中应定期对学生的学习成果进行评估,并及时给予反馈和建议。同时,教师应鼓励学生进行自我评价和同伴互评,培养他们的自我反思能力。

第六,不断改进与完善。教师在开展主题式新课教学的过程中应不断总结经验与教训,根据实际情况调整和完善教学策略。同时,教师应持续关注教育教学研究动态,不断提高自身的教学水平和专业素养。

总之,主题式新课教学是一种重要的课堂教学形式。把握基本要求和方法是实施主题式新课教学的基础要求。教师应在理论研究与教学实践中不断发现主题式新课教学的优势与问题。教师应结合学情与教学实际不断地改进、优化与完善教学策略,形成个性化的、有针对性的主题式新课教学。

第三节　主题式复习课

主题式复习课是按照新课程标准的要求,依据新高考的导向,将学科素养目标、知识目标、能力目标等有机结合起来的课型。

一、专题式复习、热点式复习与主题式复习

(一)专题式复习

专题式复习这种方式一般在一轮复习中经常被运用。教师根

据重点、难点及学生的掌握程度将教材分成若干个专题,指导学生逐一进行复习。这种复习方式有以下四个特点。

1. 针对性强

在专题式复习过程中,教师针对知识点、重点、难点和学生的掌握情况,确定专题,指导学生进行复习。

2. 系统性强

教师按照知识点之间的联系,将各部分知识有机地串联起来,形成完整的知识体系。

3. 涉及面广

专题式复习涉及的内容较为全面,具有较大的深度和广度。通过专题式复习,学生可以挖掘知识点的深层含义和内在联系,并扩展相关知识,全面地理解所学内容。

4. 教师指导

专题式复习的内容比较复杂,学生在理解的过程中可能会遇到一些困难,因此,教师需要进行指导。

(二)热点式复习

热点式复习这种方式经常在高考前的最后一轮复习中被运用。热点式复习常常在高考前的四、五月份进行。教师以社会热点问题或时事为线索,选取相关的知识进行有机整合,构建关于热点的应用型知识体系,引导学生对热点进行分析、阐释、论证。热点式复习有以下三个优势。

第一,热点问题具有时效性和针对性,容易激发学生的兴趣、引起学生的关注、增强学生学习的主动性。

第二,通过对热点问题进行分析,可以提高学生运用所学知识解决实际问题的能力,培养学生的综合素养。

第三,热点式复习有助于学生理解和掌握知识之间的内在联系,形成完整的知识体系。

然而,热点式复习也存在一些不足。

第一,热点问题具有很强的时效性,但时效性也容易成为短期性的局限。同时,热点较多、较复杂时,如果选取不当,可能会影响复习效果。

第二,热点问题往往涉及多个学科领域,教师需要具备跨学科的知识和能力。

第三,热点式复习需要教师花费较多的时间和精力进行资料整理和教学设计。

(三)主题式复习

主题式复习吸收了专题式复习与热点式复习的优势,又充分考虑了各方面的问题。在主题式复习中,教师以某一主题为核心,对相关的知识点与热点进行有机整合,引导学生进行复习并形成关于特定主题的相对完整的知识体系,并引导学生进行深化和拓展,从而达到深化认识、学以致用的目的。主题式复习有以下三个优势。

第一，主题式复习有助于学生系统地掌握某一领域的知识，有助于学生形成完整的知识体系。

第二，主题式复习将热点与知识主题有机结合起来，可以帮助学生理解知识之间的内在联系，加深学生对知识的理解和记忆。

第三，主题式复习可以结合热点来设定主题，并结合实际对不同的主题进行变通和迁移，提高学生的学习能力和综合素质。

然而，主题式复习在实施中也存在一定的难点。一方面，主题式复习需要教师具备较高的教学设计能力和专业素养。另一方面，主题式复习需要教师花费较多的时间和精力来收集、整理资料，进行教学设计。

二、主题式复习课的环节

主题式复习课一般有七个环节，即提炼主题、确定目标、自主学习、合作探究、展示点拨、当堂检测和反思总结。下面对这七个环节进行简要介绍。

（一）提炼主题

在主题式复习课开展前，教师需要引导学生提炼出主题，使学生对复习内容有整体的把握。主题应根据新课程标准、教材内容、高考要求和学生实际情况进行提炼，力求简明、贴切、针对性强。

（二）确定目标

教师根据提炼出的主题确定复习目标。复习目标应具体、明确,具有可检测性。同时,教师应充分研究高考试题,对符合主题要求的相关真题或模拟题进行归类整理,总结共性问题,发现规律,确定符合复习需要的目标。

(三)自主学习

学生根据复习目标,自主梳理主干知识和拓展性知识,并采用思维导图或知识树的形式对知识进行归纳、整合,通过课堂检测和回顾所学知识找出自己的薄弱环节,在自主性学习中进行重点突破。

(四)合作探究

学生在自主学习的基础上,通过小组合作的方式,交流学习成果,对有代表性的、需要深入研究的、易错易混的问题进行合作探究。这一环节旨在培养学生的合作意识和探究能力。

(五)展示点拨

各小组在组内学习的基础上展示合作探究的成果。教师根据学生的展示情况进行必要的点拨和补充,同时对学生的疑难问题进行解答。

(六)当堂检测

教师根据复习目标,设计有针对性的练习题或检测题,让学生在规定的时间内完成。通过当堂检测,教师可以及时了解学生的学习情况,以便进行有针对性的辅导。

(七)反思总结

在主题式复习课结束前,教师留出一定的时间让学生对复习内容进行反思和总结,以便学生巩固所学知识、增强复习效果。

三、主题式复习课的基本要求

(一)主题鲜明

主题式复习课应以主题为主线,将相关知识点串联起来,形成一个有机的整体。因此,教师在设计主题式复习课时,应紧紧围绕主题,使主题贯穿于整个复习过程。

(二)目标明确

教师在设计主题式复习课时应明确复习目标,并根据目标设计教学环节和教学活动。同时,目标应具有可检测性,以便教师及时了解学生的学习情况。

(三)以学生为主体

在主题式复习课中,学生是学习的主体。复习的最直接的检验标尺是考试,最终完成答卷的是学生。教师应在复习过程中引导学生主动参与、自主梳理、合作探究、反思总结,培养学生的自主学习能力和合作精神。

(四)精讲精练

教师在复习过程中应做到精讲精练,突出重点、难点和易错点,避免重复讲解。同时,练习题或检测题应具有针对性和代表性,以便学生更好地掌握所学知识。

(五)方法多样

教师在复习过程中应采用多种教学方法和手段,如讲解、讨论、演示、练习等,激发学生的学习兴趣,调动学生的积极性。同时,教师应根据学生的实际情况和学科的特点选择适合主题式复习课的教学方法。

(六)评价及时

教师应对学生的复习情况进行及时评价和反馈,以便学生了解自己的学习状况和不足之处。评价应以鼓励和肯定为主,同时教师应指出学生的不足之处和努力方向。

(七)反思到位

教师在复习结束后应引导学生进行总结与反思,以便学生巩固所学知识并发现自己的不足之处。同时,教师也应对主题式复习课进行总结和反思,以便进一步提高教学质量。

综上所述,主题式复习课在新高考改革的背景下具有重要的应用价值。它不仅适应新课程和新高考改革的要求,还注重提高学生的综合素养和应用能力,培养学生的自主学习能力和合作学习能力,促进学生全面发展。因此,教师应进一步研究和完善主题式复习课这一课型,为学生提供更好的学习资源和学习方法,为新课程的课堂教学改革探寻发展途径。

第四节　主题式讲评课

主题式讲评课是一种以主题为核心、以讲评为手段的课堂教学形式。主题式讲评课一般在作业批改之后或考试之后进行。在主题式讲评课中,教师对作业或试题的完成情况进行总结性讲解、探讨和评价,培养学生的批判性思维、创新精神和合作能力,进而提升学生的综合素质。

一、主题式讲评课的价值

首先,主题式讲评课有助于培养学生的批判性思维能力。在主题式讲评课中,学生需要对主题进行深入的分析、评价和反思,从而培养批判性思维能力。

其次,主题式讲评课有助于激发学生的创新精神。在主题式讲评课中,教师引导学生对主题进行探究,对关键问题进行讲评。在这个过程中,学生能够打破思维定式,激发创新精神,寻找新的思路和方法。

再次,主题式讲评课有助于提升学生的合作能力。在主题式讲评课中,学生需要与同伴进行讨论、交流和合作,从而提升合作能力。

最后,主题式讲评课有助于促进学生综合素质的提升。在主题式讲评课中,学生通过学习不仅能够在知识层面得到提升,而且能够在能力、情感、态度等方面得到全面发展。

二、主题式讲评课的要求

主题式讲评课与新课教学、复习课有共性的要求,但也有自身独特的要求。

(一)突出主题

讲评是教学不可或缺的重要环节。对于教学中存留的问题,教师在主题式讲评课中可以对其进行归类并形成主题。

(二)以讲评为手段

在主题式讲评课中,讲评为主要的教学手段。教师通过讲评引导学生深入思考和探究。教师可以引导学生进行讲评,可以与学生互评,也可以鼓励学生之间互评。

(三)以学生为主体

学生是主题式讲评课的主体,应积极参与探究和讨论,成为学习的主人。教师可以在课前认真统计试卷或作业中存在的问题,抓住共性问题,真正让讲评成为反馈和矫正的有效渠道。

(四)注重能力培养

主题式讲评课注重培养学生的分析能力、评价能力和创新能力。在主题式讲评课中,教师不仅仅要传授知识、讲解答案,而且要讲解方法,分析解题思路,让学生举一反三、提高能力。

(五)具有较强的开放性

主题式讲评课的主题往往具有开放性。教师鼓励学生从多个角度思考问题、提出自己的见解。教师不能只是就题讲题,而要适度拓展相关类型的题,进行变式演练与分析,从而增强讲评效果。

三、主题式讲评课的教学步骤

主题式讲评课是主题式教学的一种重要课型。讲评是日常教学的一个常规环节。教师通过讲评可以帮助学生了解自己的学习状况、纠正错误、提高解题能力。主题式讲评课主要有以下几个步骤。

(一)统计成绩和分析错题

在主题式讲评课前,教师需要对成绩进行统计。这一环节至关重要,因为教师通过统计可以了解学生的答题情况。在这一过程中,教师需要分析学生的答题情况,找出学生普遍存在的问题。这些问题可能是由于知识点掌握不牢固、解题思路不清晰等造成的。教师需要针对这些问题进行指导,帮助学生更好地掌握知识。

同时,教师也需要对试卷的难易程度、知识点覆盖面等进行评估,以便更好地指导学生学习。

(二)讲评重点与难点

在主题式讲评课开展过程中,教师需要针对学生普遍存在的问题进行讲解,帮助学生理解正确的解题思路、掌握正确的解题方法。例如,对于一些难以理解的数学题,教师可以采用画图、举例子、类比等多种方式进行讲解,帮助学生掌握正确的解题思路和方法。对于一些重点和难点题目,教师可以进行深入剖析,引导学生逐步解决问题。对于复杂的题目,教师可以先让学生自己思考解题思路,然后再进行分析和讲解,引导学生逐步理解题意、找到解题方法。同时,教师也需要对一些常见的错误思路进行纠正,避免学生再次出现错误。

(三)总结解题技巧

在讲评过程中,教师需要总结一些常见的解题技巧和方法,帮助学生更好地应对不同类型的题目。例如,对于几何题,教师可以通过画图和画辅助线等方法,帮助学生理解题目中的条件和要求;对于代数题,教师可以通过化简和变形等方法,帮助学生找到解题思路。同时,教师也可以引导学生总结自己的解题技巧,提高学生的学习自主性。学生可以通过反思和总结发现自己的解题方法,从而更好地应对未来的学习和考试。

(四)布置矫正性作业

在课堂讲评之后,教师需要为学生布置适量的作业,这有助于帮助学生巩固所学知识和提高解题能力。为学生布置的作业需要具有针对性。教师应针对学生普遍存在的问题设计作业,以便更好地帮助学生纠正错误和提高学习质量。在设计作业时,教师需要考虑学生的实际情况和学习能力。例如,对于学习能力相对较强的学生,教师可以布置一些具有挑战性的作业。同时,教师还需要注意作业的难度和数量,以免学生过度疲劳、产生厌倦情绪。

(五)反馈与评价

在主题式讲评课后,教师需要对学生的学习情况进行反馈和评价。教师的反馈和评价对于学生的学习态度和学习效果有着直接的影响。对于一些成绩不理想的学生,教师需要给予更多的关注和指导,帮助他们提高学习成绩。在课堂上,教师需要尽可能地发现学生的优点和不足,并及时给予反馈和指导。教师的反馈和指导可以帮助学生更好地了解自己的学习情况,有助于学生增强自信心和学习动力。课后,教师也需要对主题式讲评课的教学效果进行评估,从而不断改进教学方法。教师可以根据学生的反馈,了解学生对课程的看法和建议,从而及时调整教学策略。

四、测评成绩的统计与分析

考试成绩的统计和分析是教育评价的重要环节,它不仅可以提供有关学生掌握知识的程度的反馈信息,还可以帮助教师了解教学效果、优化教学方法。下面将探讨考试(作业)的成绩统计方法,以及如何对考试数据进行科学分析。

(一)成绩统计方法

1. 平均分

所有参加考试的学生成绩的总和除以人数所得出来的结果就是平均分。平均分是反映学生整体水平的重要指标。

2. 最高分、最低分

最高分、最低分能够反映学生成绩的分布范围。

3. 及格率

及格率等于及格人数除以总人数。及格率能够反映学生的整体表现。

4. 标准差

标准差反映成绩分布的离散程度。数值越小,说明成绩分布越集中;数值越大,说明成绩差异越大。

5. 分数段统计

分数段统计有助于了解学生成绩在各个分数段的分布情况。

(二)考试数据的科学分析

1. 描述性分析

描述性分析是通过平均值、中位数、众数等统计量描述数据的基本特征。

2. 信度分析

信度分析主要检测考试的一致性。常用的信度系数是克龙巴赫 α 系数(Cronbach's Alpha 系数)。

Cronbach's Alpha 系数在主题式教学的成绩统计和分析中具有重要价值。在主题式教学中,考试成绩的统计和分析是一项重要任务,它能够帮助教师了解学生的学习状况,从而对教学进行有针对性的调整。而 Cronbach's Alpha 系数可以作为可靠性分析的工具。

(1) Cronbach's Alpha 系数的价值

第一,提供可靠性评估。Cronbach's Alpha 系数是一种用于衡量测验或量表的一致性或可靠性的统计量。它可以有效地评估主题式教学中考试成绩的一致性,从而提高成绩的可信度。

第二,识别潜在问题。如果 Cronbach's Alpha 系数较低,则说明考试可能存在一些问题,如题目设计不合理、评分标准不一致等。这些问题可以通过进一步调查和分析来进行识别和解决。

第三,促进教学质量提升。通过分析 Cronbach's Alpha 系数,教师可以了解考试的可靠性,从而更加准确地评估学生的学习情况,进一步调整教学策略,提高教学质量。

(2) Cronbach's Alpha 系数的应用方法

第一,确定应用范围。在应用 Cronbach's Alpha 系数时,首先要明确需要分析的考试范围和对象,根据实际情况选择合适的分析工具。

第二，计算系数值。通过运用相关的统计软件，可以计算出 Cronbach's Alpha 系数值。Cronbach's Alpha 系数值一般在 0 至 1 之间。Cronbach's Alpha 系数值越高，则说明考试成绩的可靠性越高。

第三，解读结果。在得到 Cronbach's Alpha 系数值后，教师需要对其进行解读。如果系数值较低，教师则需要进一步分析影响可靠性的因素。如果系数值较高，则说明考试成绩具有较高的可靠性。

第四，制定改进措施。教师应根据解读结果制定相应的改进措施。如果 Cronbach's Alpha 系数值较低，教师可能需要重新设计试题、统一评分标准；如果 Cronbach's Alpha 系数值较高，教师可以继续采用现有的教学策略。

Cronbach's Alpha 系数在主题式教学的成绩统计和分析中具有重要的价值。通过合理地应用 Cronbach's Alpha 系数，教师可以增强主题式讲评课的针对性，可以为教学提供参考依据和量化分析支持。

3. 效度分析

效度分析用于评估考试是否真实地反映了所要测量的内容。效度包括内容效度、结构效度等。

4. 高级统计分析

高级统计分析包括回归分析、因子分析等。高级统计分析用于探究影响考试成绩的各种因素。教师需要进行专门学习，钻研教育统计学。学校也可以安排专职教务人员进行分析。

(三)科学分析在考试中的应用

通过对考试数据进行科学分析,教师可以了解考试的质量,发现潜在的问题,从而优化教学策略。如果发现某次考试的信度较低,教师往往需要在命题或评分方式上进行进一步优化。如果发现考试的内容效度不高,教师往往需要调整教学内容,使其更好地反映学生的学习目标。此外,科学分析能够帮助教师更准确地评估学生的学习状况,为个性化教学提供依据。教师通过分析学生的答题情况可以了解学生存在的困难,进而制订有针对性的辅导计划。

通过运用科学的统计和分析方法,教师可以全面了解学生的学习状况和考试质量,从而优化教学策略。然而,这需要教师具备一定的专业知识和技能。因此,教师需要不断提升自身的专业素养和数据分析能力。

第五节　主题式活动型课

随着新课程改革的不断深入,活动型课逐渐受到关注。活动型课的教学方式与手段也在不断地更新与完善。主题式活动型课是一种新型的课堂教学模式。教师通过创设真实的情境,在课堂活动中引导学生自主探究,培养学生的创新思维与实践能力。主题式活动型课强调学生在课堂中的主体地位,让学生在参与活动的过程中学习。

一、主题式活动型课的特点

主题式活动型课主要有以下四个特点。一是情境化教学。主题式活动型课注重创设真实的情境,让学生在情境中体验、探究,提高学生的学习兴趣与学习动力。二是自主学习。学生通过参与活动,主动地获取知识,培养自主学习能力。三是团队合作。主题式活动型课常常需要学生以小组的形式进行合作,培养学生的团队协作精神。四是创新实践。主题式活动型课鼓励学生创新,鼓励学生通过实践活动将理论知识转化为实际能力。

二、主题式活动型课在新课程改革中的价值

(一)提升学生的综合素质

主题式活动型课在注重知识传授的同时,更关注学生的能力培养和情感体验,有助于提升学生的综合素质。

(二)培养学生的创新精神

在主题式活动型课的教学过程中,教师通过设计富有挑战性的实践活动、营造宽松自由的课堂氛围、加强互动交流,可以激发学生的创新意识,培养学生的创新思维,提升学生的创新能力。

（三）促进教师专业发展

主题式活动型课要求教师具备较高的专业素养和教育技能，有助于促进教师专业发展。

（四）推动新课程改革不断深入

主题式活动型课是新课程改革的重要组成部分。例如，《普通高中思想政治课程标准（2017 年版 2020 年修订）》就明确地将高中思想政治课程定义为综合性、活动型课程。研究和开展主题式活动型课有助于推动新课程改革深入发展。

三、主题式活动型课的主要模式

（一）情境创设型

情境创设型主题式活动型课通过创设与主题相关的情境，将学生的注意力吸引到主题上来，激发学生的学习兴趣和探究欲望。其关键在于情境的创设。情境可以是真实的情境，也可以是虚拟的情境。关键是能够引发学生的思考和探索。在情境创设型主题式活动型课中，教师可以通过图片、视频、音乐等营造氛围，引导学生进入主题。

在情境创设型主题式活动型课中，教师的引导作用尤为关键。为了激发学生的思维和探究精神，教师通常会设计一些富有想象力的问题和案例。这些问题和案例能够很好地引导学生进入情境、主动学习。在这个过程中，教师需要密切关注学生的学习进度，及时调整教学策略，确保学生能够顺利地掌握主题知识。

在实际教学过程中，教师还需要注重培养学生的团队协作能力，以便更好地实现情境创设型主题式活动型课的目标。教师可以通过组织各种形式的团队活动，如小组讨论、角色扮演等，让学生在共同解决问题的过程中学会沟通与合作，从而激发学生的创造力。教师还可以将情境创设型主题式活动型课与传统的讲授式教学结合起来。教师可以通过讲解、演示等方式，帮助学生更好地理解主题知识、掌握基本原理和技能。

这种模式充分体现了以学生为中心的教学理念，让学生在轻松愉悦的氛围中自然地进入主题学习。实践证明，情境创设型主题式活动型课有助于提高学生的兴趣和成绩，对培养学生的创新思维和实践能力具有积极作用。

为了确保情境创设型主题式活动型课的有效实施，学校和学生家长应当给予必要的支持。学校应提供丰富的教学资源，如多媒体设备、网络平台等，为教师提供充分的教学指导。学生家长则应配合学校的教育工作，关注学生的成长，并鼓励学生在主题式活动型课中大胆尝试和探索。

随着教育技术的不断发展，情境创设型主题式活动型课也将不断得到改进和完善。未来，教师可以利用人工智能等技术手段，为学生提供更加丰富、真实的情境，从而更好地激发学生的探究兴趣。

（二）问题探究型

问题探究型主题式活动型课是一种具有创新性的模式，教师通过引导学生发现问题、分析问题、解决问题来开展教学活动,从而培养学生的自主学习能力和创新思维能力。这种模式的关键在于问题的设计。问题要具有针对性、启发性、层次性,能够引导学生逐步进行深入思考。在问题探究型主题式活动型课的教学过程中,教师可以通过设计一系列的问题,引导学生进行探究,并注重对学生的思维进行训练。这种模式不仅有利于培养学生的自主学习能力和创新思维能力,还有助于增强教学效果。

在教学过程中,教师不仅要关注问题的设计,还要关注学生的参与度和反馈情况。为了确保问题探究型主题式活动型课的有效性,教师可以采用分组讨论、角色扮演、案例分析等多种方法,增加学生的参与度,提高学生分析问题和解决问题的能力。同时,教师还应注重观察学生的反应,及时调整教学策略,确保教学内容能够有效地引导学生进行深入思考。

在评价方面,问题探究型主题式活动型课更加注重将过程性评价和终结性评价结合起来。这不仅可以更好地反映学生的学习情况和学习能力,还可以帮助学生发现自己的优点和不足,进一步提高学生的自主学习能力和创新能力。

在问题探究型主题式活动型课的教学过程中,学生成为主动探索者,通过亲身参与、积极思考,逐渐形成自己的观点和见解。教师不仅仅是知识的传授者,更是引导学生成长、启迪学生智慧的引路人。

在问题探究型主题式活动型课中,教师应因材施教,关注每个学生的特点和需求,调动学生的主动性和积极性,激发学生的学习兴趣和热情。与此同时,教师还应努力营造宽松、平等的学习氛围,使学生敢于表达自己的想法。

问题探究型主题式活动型课是一种充满活力和创意的课型。它能够把学生从传统的学习模式中解放出来,帮助学生更好地适应未来的挑战。教师应致力于探索新的教育方法,从而引导学生在不断探索和实践中成长、成才。

在这个快速发展的时代,教师和学生同样面临着前所未有的挑战。教育应与时俱进。问题探究型主题式活动型课的推广,不仅让教师找到了适应新时代的"钥匙",也为学生打造了一个自由、开放的思考空间。随着教育技术的不断发展,问题探究型主题式活动型课将更加智能化、多元化。

(三)合作学习型

在合作学习型主题式活动型课的教学过程中,教师通过采用小组合作的形式,引导学生共同完成学习任务、达到学习目标。这种模式的关键在于小组的组建和合作学习的引导。小组的组建应该是合理的。教师应该考虑学生的成绩、能力、性格等因素,以确保小组内的学生能够充分发挥自己的优势。比如,教师可以把学习能力相对较强的学生和学习能力相对较弱的学生组成一个小组,让他们互相学习、互相帮助;可以把性格开朗的学生和性格内向的学生组成一个小组,让他们互相影响、互相促进。教师可以通过设计小组任务、组织小组讨论、评价小组表现等方式来促进学生的合作学习。设计小组任务可以帮助学生明确自己的职责,使学生更好地参与到小组活动中。比如,教师可以在一个合作学习主题中设计一些任务,让学生分成小组进行讨论,让学生在讨论中互相交流、互相学习。组织小组讨论可以促进学生交流和沟通，提高学生的团队合作能力。评价小组表现可以帮助学生了解自己的优点和不足，从而使学生更好地改进自己的学习策略。

在合作学习型主题式活动型课的教学过程中，教师除了要关注小组的组建和合作学习的引导以外，还要注重教学评价。教学评价应该以过程性评价为主，关注学生的发展过程。教师应制定详细的评价标准，对学生的表现进行客观、全面的评价。评价内容应包括学生的知识技能、团队合作表现、创新能力等。在评价过程中，教师应注重学生的个体差异，对不同层面的学生采取不同的评价策略，从而激发他们的学习兴趣和积极性。同时，教师还应及时对评价结果进行反馈和指导，帮助学生发现问题、解决问题。

在合作学习型主题式活动型课的教学过程中，教师应不断探索和创新，以满足不同学生的需求。同时，教师应注重培养学生的自信心和自尊心，让学生在合作学习中不断成长和进步。只有这样，才能真正实现合作学习型主题式活动型课的价值，为学生未来的发展奠定坚实的基础。

在合作学习的过程中，教师不仅要关注学生的学业成绩，还要培养学生的综合素质，使学生在团队合作、沟通交流、解决问题等方面得到全面发展。为了实现这一目标，教师需要不断更新教育理念，提高自身的专业素养，以便更好地引导学生开展合作学习。

为了确保合作学习型主题式活动型课的顺利推进，学校和学生家长应当给予必要的支持。学校应创设良好的教育环境，提供充足的资源和设施，维护良好的师生关系，通过定期培训提高教师的专业素养。学生家长应关注学生的成长，与学校建立积极、健康的沟通关系，为学生提供鼓励和支持。

（四）项目化学习型

项目化学习型主题式活动型课是一种以项目为载体，通过引导学生完成一个完整的项目来达到学习目标的模式。这种模式在教育领域得到了广泛的关注和应用。这种模式的优点在于它能够让学生在完成项目的过程中运用所学知识，加深对知识的理解。在完成项目的过程中，学生需要运用所学知识解决实际问题。同时，项目化学习型主题式活动型课具有趣味性和创新性，能够激发学生的学习兴趣和好奇心，提高学生的积极性和参与度。

1. 实施形式

项目化学习型主题式活动型课具体包括以下五种实施形式。

（1）案例分析式

案例分析式是一种常用的项目化学习型主题式活动型课的实施形式。教师根据课程内容选择真实的案例，让学生分析和解决案例中的问题，培养学生的思维能力、判断力和解决问题的能力。这种形式可以激发学生的学习兴趣，提高学生的实践能力和应用能力。

（2）角色扮演式

角色扮演式是一种模拟真实情境的项目化学习型主题式活动型课的实施形式。学生通过扮演不同的角色，模拟真实场景中的情况，加深对课程内容的理解。

(3)互动游戏式

互动游戏式是一种寓教于乐的项目化学习型主题式活动型课的实施形式。教师根据课程内容设计互动游戏,让学生在游戏中学习知识、提高实践能力。这种形式可以激发学生的学习热情,增强学生的学习动力。

(4)情景模拟式

情景模拟式是一种模拟真实场景的项目化学习型主题式活动型课的实施形式。教师根据课程内容设计情景,让学生在模拟场景中学习知识、提高应用能力。

(5)现场实践式

有别于课堂上的模拟情境,现场实践可以是模拟的,也可以是真实的。现场实践场所可以是教育基地、工厂、农村、景区、社区等。真实的现场能够让学生亲身体验社会实践活动。这对于提升学生理论联系实际的能力和实践能力具有积极作用。

2. 实施步骤

项目化学习型主题式活动型课的实施步骤包括确定学习目标、设计项目任务、引导学生探究、组织团队协作、展示与评价。在具体实施过程中,教师需要充分了解学生已掌握的知识和技能,在此基础上,将学习目标分解为若干个关键点,有针对性地设计相应的项目任务。学生通过完成项目任务,逐步掌握这些关键点,从而实现学习目标。在这一过程中,教师和学生密切互动,教师引导学生分析问题、寻找答案,学生通过实践操作解决问题。同时,教师还需要适时鼓励学生发挥个人的优势和创造力,培养学生的自主学习能力和团队合作能力。此外,通过展示与评价,学生可以分享自己的成果,交流心得体会;教师可以了解学生的学习情况,及时发现问题、解决问题,进一步完善教学体系,提高教学质量。

项目化学习型主题式活动型课在教育领域具有广泛的应用前景。它不仅能够增强学生的学习体验,增强学习效果,还能够培养学生的综合素质,提高学生的适应能力。未来,随着教育改革的不断深入和教育理念的不断更新,项目化学习型主题式活动型课将会得到广泛推广。

四、主题式活动型课教学环节的设计

主题式活动型课的核心在于主题的选定。主题应具有鲜明性、趣味性、教育性、可行性等特征。教学环节的设计也要紧紧围绕主题。一般来说,主题式活动型课主要包括以下四个环节。

(一)主题导入

主题导入是课程的开端,目的在于激发学生的兴趣,让学生迅速进入主题情境。教师可以采用讲述故事、创设情境、提出问题等方式进行导入。

(二)活动开展

这一环节是主题式活动型课的主体。教师需要通过开展小组讨论、实地考察、角色扮演、案例分析等多种形式的活动来加深学生对主题的理解。

(三)总结反思

在活动结束后,教师应引导学生进行总结和反思,帮助学生总结活动中的收获,加深学生对课程内容的理解。

(四)拓展延伸

为了进一步巩固和拓展学生的知识,教师在拓展延伸环节可以安排一些课后作业,或者推荐一些相关的阅读材料。

五、主题式活动型课的教学设计要求

主题式活动型课在教学设计方面有以下五个方面的要求。

第一,目标明确。每个环节的目标都应明确。教师应明确在每个环节希望学生学到什么,以及如何帮助学生达到学习目标。

第二,内容充实。活动内容应充实,能够满足学生的认知需求,同时在深度和广度上应适度,不能过于简单或超出学生的理解范围。

第三,组织有序。教师应有序地组织活动,保证每个学生都能参与到活动中。

第四,评价及时。教师应及时对学生的表现进行评价,以鼓励为主,激发学生的学习热情。

第五,创新多样。教师应鼓励学生进行创新,而不仅仅是接受现成的答案。活动的形式应多种多样。

六、主题式活动型课对教师的要求

开展主题式活动型课对教师有以下五个方面的要求。

第一,提高专业素养。教师需要不断学习专业知识,不断更新教育观念,丰富知识储备,总结教学经验,掌握有利于开展主题式活动型课的教学方法和策略。这是开展主题式活动型课的必要前提。

第二,创设真实的情境。教师应结合课程内容和学生实际情况,创设真实的情境,让学生在情境中学习、探究。

第三,引导学生自主学习。教师在主题式活动型课的教学过程中应注重培养学生的自主学习能力,引导学生主动地获取知识、发现问题、解决问题。

第四,强化团队合作。在教学过程中,教师应注重培养学生的团队协作精神,通过小组合作等方式,提高学生的合作能力。

第五,创新评价方式。教师应改变传统的评价方式,关注学生的过程性表现和实践能力,全面评价学生的综合素质。

七、案例展示

观大国重器 解大国工匠精神

1. 教学目标

(1)通过研学活动和课堂教学,了解中国一重的贡献和发展壮大的历程,理解国有企业的主导地位和支柱作用,理解发展壮大国有企业必须坚持创新引领发展的理念。

(2)通过研学活动和课堂教学,理解自主创新、自力更生的重要意义,把握实体经济和先进制造业对维护国家经济安全的价值,明确企业经营的科学理念。

(3)通过学习和实践,深入了解人才对于企业、社会和国家发展的重要作用,理解科技人才的大国工匠精神,理解人才成长的必由之路,对自己的职业理想提出积极的规划方案。

2. 教学活动准备

(1)前期准备:对活动进行精心设计和组织,按照学生的研学需求,与中国一重进行积极沟通与对接,设计参观路线。

(2)活动主题任务设置:结合高中思想政治课程的具体内容,围绕国企的地位、经营成功的因素,以及科技人才的作用等布置研学任务。

3. 教学环节和步骤

(1)课堂导入

【教师导语】我们不仅要“读万卷书”,还要“行万里路”。今天,我们就走进国企去看一看、听一听,去实地感受中国一重的风范!

教师布置学习任务和研学问题：

①中国一重为国家发展做出了哪些贡献？

②中国一重是怎样实现发展壮大的？

③企业中的科技人才有哪些优秀品质？

（设计分析：学校所在社区的企业是得天独厚的教学资源，活动能够增强学生的参与感，并能够加深学生对知识的理解；“疑问是最好的老师”，在研学活动前设置问题，能够发挥问题的引领作用，让学生明确学习目标）

（2）实践活动

第一站：参观中国一重展览馆。

【教师导语】同学们，现在，我们将要参观的是中国一重展览馆。这里是全国爱国主义教育示范基地，教育意义重大，历史资源丰富。同学们一定要认真参观，认真听讲解！

（设计分析：这样的导语会给学生什么样的感觉呢？如果将导语改为“中国一重曾被国家领导人称为‘国宝’，现在，我们就在这个展览馆里找一找它有哪些宝藏。告诉我，它为什么被称为‘国宝’”，分析一下哪种导语更好，为什么）

【学生活动】学生们观看各种图文资料、历史展品，聆听工作人员的讲解，了解中国一重的奋斗历史，形成对中国一重建设成就和地位的总体认知。

（设计分析：学生在真实的学习情境中发现问题、分析问题，归纳总结出自己的结论，这有助于培养学生的思

维能力和探索精神)

第二站:走进生产车间参观、采访。

【教师导语】同学们,现在就请大家跟着老师走进中国一重的生产车间,近距离感受磅礴宏伟的生产一线,看一看大国重器是怎样铸造出来的!

(设计分析:上面的导语与“刚才我们在中国一重展览馆中看到了许多国内一流的工业产品的实物、模型和照片,那么,你想不想看一看这些产品是如何制造出来的?下面我们就走进车间一探究竟”这一导语相比有什么区别)

【学生活动】学生们走进厂区和车间,认真参观,聆听讲解。在参观过程中,学生代表与车间技术工人互动交流,进行学习。

学生现场采访工人代表,交流问题:

①您这么年轻就获得特级技师这样高的职称,是怎样做到的呢?

②您有很好的学历,在毕业后没有去科研所却走进车间,是什么动力一直让您坚持下来呢?

(设计分析:在生产车间,近距离感受生产一线。机床轰鸣,秩序井然。学生直接感受到了国企在工业领域的地位,以及在国家建设中的重要作用。学生与工人进行面对面交流,直接而深刻地感受到新时代的产业工人在技术上攻坚克难、在思想上坚定信念,彰显着大国工匠精神。师生们为产业工人在攻坚克难、自主创新的工作

中展现出来的担当意识和家国情怀所震撼)

第三站:在工厂报告厅聆听讲座。

中国一重分厂党支部书记进行现场讲座,与学生互动交流。

(设计分析:企业管理者结合视频资料,从国企地位、经营与建设发展等方面为学生做了专题讲座,学生对教材知识有了更具体、更生动、更深刻的认识。同时,中国一重分厂党支部书记也从企业和国家对人才的需要方面向学生表达了殷切的期望,使学生对参观活动产生了思想上的升华)

第四站:师生在会议室讨论,进行活动总结。

师生对参观活动进行反思、讨论和总结。师生围绕国企建设主题,主要讨论以下四个方面的问题。

①国企的地位作用、生产经营特点及发展要素。

②中国一重发展的内在动力与精神。

③人才在国家发展建设中的地位与作用。

④在高中阶段规划职业理想,以及在高中学习中积蓄本领的价值与要求。

师生通过参观活动,结合教材中的理论知识进行深入学习。

①国有企业的地位、作用及发展途径。

②文化科技的智力支持与精神动力作用。

③我国产业发展的方向与人才和教育的支撑作用。

④人生价值创造与实现的途径。

【教师导语】中国一重是国之重器,也是家乡的骄傲,这次参观让我们真切地感受了“国宝”的魅力。我们被中国一重工人的精神感染。现在,我们每个小组进行活动总结,形成自己的感悟与誓词。

小组代表发言:为中国一重的峥嵘岁月所感动;为具有使命担当、上下求索精神的一重人所震撼;被“以一为重,永争第一”“阔步前行”的一重人的大国工匠精神激励;要把中国一重的企业精神传承下去;高中学生正处于学业关键期,要传承大国工匠精神,努力奋斗。

小组总结并汇总誓词。全班宣誓:“传承大国工匠精神!以一为重,永争第一!请党放心,强国有我,家乡建设有我!发奋学习,无悔青春!”

(设计分析:主题式活动型课充分利用社会资源,落实立德树人根本任务,把教学过程与社会实践活动有机整合起来,把德育融入学科知识的学习过程,坚持守正和创新相统一、校内和校外相统一、课上与课下相统一,增强教学的亲和力和针对性,以“情境化活动”调动学生学习的积极性)

第三章　主题式教学的主要方法

第一节 主题式教学的教学情境设计

教学情境的设计是主题式教学的重要环节。它直接影响到教学的效果和质量。

一、教学情境设计的原则

（一）主题相关性

教学情境的设计应与主题紧密相关，能够引出主题，帮助学生理解主题，并促进学生进行有效学习。

（二）学生中心

教师在设计教学情境时应以学生为中心，充分考虑学生的年龄、认知水平、兴趣等因素，确保情境能够吸引学生、激发学生的学习兴趣。

（三）真实性

教师应尽量创设真实的或接近真实的情境，让学生在实际操作过程中学习和理解知识，提高学生的实践能力。

（四）启发性

教学情境应具有启发性，能够引发学生思考，培养学生的思维能力,促进知识的迁移和应用。

(五)互动性

教学情境应促进教师与学生、学生与学生进行互动,引导学生积极参与,营造良好的学习氛围。

二、教学情境设计的步骤

(一)主题选择

在主题式教学的情境设计过程中,教师首先需要选择一个与课程内容紧密相关的主题。这个主题应该具有启发性、引导性和探究性,能够激发学生的兴趣,引发学生思考,促进学生主动学习。主题的选择应该基于课程目标、教学内容和学生的实际情况。主题应该涵盖课程的主要知识点,同时具有一定的深度和广度。

(二)情境创设

在确定主题后,教师需要创设与主题相关的课堂情境。情境应该与学生的实际生活、经验和背景相关,能够引起学生的共鸣和情感投入。情境的创设可以通过多种方式来实现,如故事叙述、场景模拟、多媒体展示等。通过这些方式,教师可以营造出生动、真实的学习环境,帮助学生更好地理解和掌握知识。

(三)问题设计

在情境创设的基础上,教师需要设计一系列与主题相关的问题。这些问题应该具有探究性、开放性和层次性，能够引导学生深入思考和探索。问题设计可以采用多种形式，如小组讨论、个人思考、课堂提问等。通过问题设计，可以激发学生的思维和创造力，培养学生的问题解决能力和批判性思维能力。

(四)资源整合

在主题式教学的课堂情境设计中，教师需要整合多种教学资源。教学资源包括教材、参考书、网络资源等。通过对教学资源进行有效整合，教师可以为学生提供丰富的学习材料和实践机会。同时，教师还需要根据学生的实际情况和学习需求，对教学资源进行筛选和优化，确保教学资源具有针对性和有效性。

(五)活动组织

在主题式教学的课堂情境设计中，教师需要组织一系列与主题相关的活动。这些活动包括小组讨论、角色扮演、实验操作等。通过组织这些活动，教师可以为学生提供多样化的学习体验和实践机会，促进学生的参与和互动。在组织活动的过程中，教师需要注意活动的目的性、针对性和可行性，确保活动能够达到预期的效果。同时，教师还需要注意活动的安全性和规范性，保证活动顺利进行。

(六)评价反馈

在主题式教学的课堂情境设计中，教师需要对学生的学习成果进行评价和反馈。评价可以采用多种形式，如考试、作品评定、口头表达等。反馈应该及时、具体和有针对性，能够帮助学生了解自己的学习状况和不足之处。同时，教师还需要根据学生的表现和反馈结果，对课堂情境设计进行反思和改进，进一步提高教学质量。

三、教学情境设计的误区

通过设计有效的教学情境，教师能够激发学生的学习兴趣，促进学生主动学习，提升教学质量。然而，情境设计存在一些常见的误区。这些误区会导致情境设计效果不佳。

（一）误区一：过于复杂化

一些教师在设计教学情境时，为了追求所谓的“真实感”，常常将情境设计得过于复杂。这样的设计可能会使学生感到困惑，增加理解的难度，甚至导致学生对课程内容产生厌烦感。教学情境的设计应当简洁明了，紧扣主题，避免过于烦琐，避免出现无关的信息。

（二）误区二：忽视学生的实际需求

教师在设计教学情境时应充分考虑学生的实际情况和需求。只有真正了解学生的兴趣、需求和认知水平，才能设计出真正有利于学生学习和发展的情境。如果忽视了学生的实际需求，再好的情境设计也无法激发学生的学习热情，甚至可能使学生反感。

(三)误区三:过于依赖多媒体工具

随着科技的发展,多媒体工具在课堂教学中的应用越来越广泛。然而,一些教师在设计教学情境时,过于依赖多媒体工具,这导致情境设计的形式大于内容。多媒体工具应当是辅助教学的手段,而不是课堂教学的全部。教师在设计教学情境时,应当注重情境的真实性和实用性,而不是追求形式上的花哨。

(四)误区四:缺乏互动性

教学情境的设计应当注重互动性。只有通过互动,才能真正激发学生的学习兴趣,促使学生主动参与学习过程。一些教师在设计教学情境时只注重情境的单向呈现,忽视了师生之间的互动。这样的设计不利于有效调动学生的学习积极性,也不利于培养学生的思维能力和创新能力。

(五)误区五:忽视学科特点

不同的学科具有不同的特点和教学要求。在教学情境设计过程中,教师应当充分考虑学科特点,根据学科要求有针对性地进行设计。如果忽视了学科特点,情境设计可能会与教学目标相悖,影响学生的学习效果。因此,教师在设计教学情境时,应当充分考虑学科特点,结合具体的教学内容和教学目标进行设计。

总之,教学情境设计是提升教学质量的重要手段之一。在主题式教学的情境设计过程中,教师应当避免陷入上述误区,注重突出主题、简洁明了、贴近学生实际,注重互动性和学科特点。只有设计出符合学生需求、真实有效的教学情境，才能真正激发学生的学习兴趣，促进学生主动学习，提升教学质量。

四、教学情境设计的应用

在主题式教学过程中，教师可以根据需要选择不同的情境设计策略。例如，在思想政治课中，教师可以让学生模仿法官和控辩双方，引导学生在“法庭辩论”中掌握和运用法律知识。在历史课中，教师可以采用“角色扮演”的情境设计策略，让学生扮演历史人物、模拟历史事件的发展过程。在地理课中，教师可以运用多媒体辅助手段创设自然地理环境或社会情境，让学生在实录或模拟的情境中观察、分析地理现象并探究规律。在语文课和英语课中，教师可以采用“主题语境创设”的情境设计策略，通过创设围绕主题的真实的语境，让学生在语境中学习知识。

五、案例展示

以法为盾，护航青春

这节课从宏观角度出发，融合多方面的知识，确立跨越性的主题“以法为盾，护航青春”。通过情景剧表演及模拟法庭的形式，学生能够感受法庭审判的严肃公正。通过“以案讲法”的形式，学生能够明确诉讼等相关法律知识，增强法治意识。

1. 教学目标

(1)以明确和维护青少年合法权益为主题,增强学生的依法维权意识,提升学生的法治素养。

(2)学生通过“沉浸式”体验了解法庭诉讼的相关流程,感受法庭审判的严肃公正,感知法律的力量,能够学法、懂法、知法和用法。

(3)学生明确欺凌行为的伤害,在与同学交往中注意分寸,用法律规范自己的言行,当自身受到侵害时,学会用法律武器维护自己的合法权益。

2. 教学进程

(1)【导入新课】以热门影视作品的海报来导入新课。

【师生活动】教师展示影视作品的海报,学生说出对应的影视作品。

(设计分析:通过展示影视作品的海报,激发学生的兴趣,吸引学生的注意力,并引出主题——校园欺凌)

(2)【主题解读】展示2022年联合国教科文组织发布的报告。

【师生活动】展示报告与校园欺凌新闻截图,分析教学主题。

(设计分析:引导学生明确法律能够有效地遏制校园欺凌)

(3)【温故知新】通过回忆学过的相关知识做好知识

铺垫。

【师生活动】梳理所学的有关权利、义务等方面的法律知识。

（设计分析：温故而知新，通过回顾所学的法律知识，为课堂学习创设知识情境）

(4)【情景剧】学生通过情景剧表演，对案件进行“情景再现”。

【师生活动】教师组织活动，学生分角色表演案情。

（设计分析：通过情景剧再现，在模拟法庭开始之前，使学生明确案件的背景，为理解案情与审理过程做铺垫）

(5)【模拟法庭】学生以“校园欺凌”案件为主题进行模拟法庭演练。

【学生活动】学生模拟开庭审理，包括开庭准备、法庭调查、法庭辩论、休庭评议、宣告判决。

（设计分析：通过模拟法庭演练，学生能够“沉浸式”体验诉讼的程序，感受法律的公正，增强法治意识）

(6)【以案讲法】梳理此次案件及庭审过程中所涉及的法律知识。

【教师活动】讲解有关健康权、诉讼程序、庭审阶段、诉讼代理人、证据等的法律知识。

（设计分析：案件的模拟，有助于学生更好地理解法律。通过“以案讲法”的形式，能够引导学生充分理解相关的法律知识）

(7)【拓展思考】谈谈未成年人应当如何在生活中学

会自我保护，社会应采取哪些措施来解决欺凌问题。

【学生活动】学生进行合作探究、讨论。

（设计分析：学生结合所学的知识和自己的感想，发散思维，提出切实可行的措施，并自觉地用法律规范自己的言行，学会用法律保护自己）

教学情境的设计是主题式教学的重要环节。教师在设计教学情境时，应遵循主题相关性、学生中心、真实性、启发性和互动性等原则。教师通过确定主题、分析学生的特征、选择情境类型、设计情境内容、制定实施策略、进行评价与反馈等，可以有效地进行教学情境的设计。在主题式教学中，教师可根据需要灵活运用不同的情境设计策略，提高教学质量和教学效率。

第二节　主题式教学的课堂阅读设计

在主题式教学中，阅读是获取知识、理解主题的重要手段。课堂阅读是重要的教学环节和学习方式。阅读是人文学科学习的基础方法，也是教学的基本方式。

一、主题式教学中课堂阅读的价值

课堂阅读是指在课堂上从文本资料（可以是纸质的，也可以是电子的）中获取信息、理解并运用信息，从而丰富知识储备和提升能力素养的活动。阅读不仅仅是理解文字表面的意思,而且是对文字背后的深层含义、观点、原理、方法、情感的领悟。课堂阅读对于主题式教学具有重要价值。

(一)提高学生的理解能力

阅读大量的文献资料能够帮助学生提高理解能力,帮助学生更好地理解复杂的概念、理论和观点。课堂阅读不仅有助于学生准确地把握学科知识,还有助于学生提高分析和理解问题的能力。

(二)开拓学生的思维方式

通过阅读,学生可以接触到不同的思维方式、观念和理论,可以激发创新思维,提升自我认知能力。主题式教学的课堂阅读不仅要求学生理解文本内容,还要求学生对文本进行批判性思考、分析、归纳和演绎。这能够培养学生的问题解决能力。在阅读过程中,学生需要学会区分事实和观点,对观点进行评估。这对于培养学生的批判性思维能力具有重要作用。

主题式教学通过主题探究的方式,将有跨度的知识整合起来,帮助学生构建完整的知识体系。阅读是实现知识整合的有效途径,能够引导学生深入理解主题、开阔视野。

(三)提升学生的学术素养

良好的阅读能力是培养学术素养的基础。课堂阅读能够帮助学生更准确地引用和评估文献,从而为探究学习和未来从事学术研究提供有力的支撑。同时,阅读是提高语言表达能力的重要手段。通过课堂阅读,学生可以积累词汇、熟悉语法,提高语言表达的准确性和流畅度,为论述问题奠定基础。

(四)提升学生的信息处理能力

在信息爆炸的时代,要从海量的信息中筛选出有价值的信息,就需要学生具备良好的阅读能力。通过阅读,学生可以学会筛选、整合和利用信息。在主题式教学的课堂阅读中,学生需要从大量的信息中筛选出相关的内容,进行分析和整理,从而提高信息素养。

(五)提升学生的问题解决能力

主题式教学中的课堂阅读以问题为导向,引导学生分析问题、解决问题,从而提高学生的问题解决能力。

二、主题式教学中课堂阅读的特点

主题式教学中的课堂阅读以主题为核心,整合多个学科的知识,通过多维度、多层次的学习活动,引导学生进行自主探究、开展合作学习。主题式教学中的课堂阅读具有以下三个特点。

(一)跨越性

主题式教学中的课堂阅读涉及多个知识单元,有时还会涉及多个学科领域,能够帮助学生建立综合性、跨越性的知识网络。

（二）探究性

主题式教学中的课堂阅读鼓励学生对文本进行深入探究、挖掘文本的深层含义，能够培养学生的探究精神。

（三）互动性

主题式教学中的课堂阅读注重师生、生生之间的互动与交流。在课堂阅读过程中，学生通过讨论、分享等方式加深对主题的理解。

三、主题式教学中课堂阅读的实施原则

（一）以学生为中心

在主题式教学的课堂阅读中，教师应尊重学生的主体地位，引导学生主动参与阅读和探究过程。教师在备课过程中应充分了解学生的需求和兴趣，设计符合学生认知水平的阅读主题。教师应相信学生，并创造机会让学生选择阅读材料，使学生对自己的学习有更大的自主权。

（二）以问题为引导

教师作为引导者，需要设计有效的问题，让学生在问题的引导下进行主题式阅读，并提供有效的指导，帮助学生克服阅读障碍，促进学生进行深度学习。

1. 设计有效的问题的原则

教师在设计有效的问题时应注意以下四个原则。

(1)针对性强

问题应紧紧围绕主题,应有助于学生对主题的理解和探索。

(2)启发性大

问题应能引发学生思考,激发学生的想象力,培养学生的思维能力。

(3)层次分明

问题应由浅入深,引导学生逐步理解主题,满足不同层次学生的学习需求。

(4)联系实际

问题应与学生的实际生活、经验相联系,增加学生的参与感,激发学生的兴趣。

2. 设计有效的问题的步骤

设计有效的阅读引导问题一般要经过以下五个步骤。

(1)分析主题

教师应深入理解主题,确定主题的核心概念和关键点。

(2)确定目标

教师应明确问题设计的目标,例如引导学生理解主题、引发学生思考等。

(3)设计问题

教师应根据主题和目标,设计出具有针对性、启发性、层次性的阅读引导问题。

(4)评估问题

教师应评估问题的质量。阅读具有个性化特征。问题可以设定参考答案,但不要过于僵硬、过于死板,要留给学生一定的思考空间。学生可以适当拓展发挥,增加学习深度,增强学习效果。

(5)调整问题

教师应根据评估结果,对阅读问题进行必要的调整,从而提高问题的有效性。

3. 设计有效的问题的技巧

(1)设计情境化问题

教师可以将问题置于具体的情境中,增加问题的真实感和趣味性。

(2)设计对比性问题

教师可以设计对比性强的问题,引导学生进行比较、分析、归纳和总结。

(3)设计开放性答案

教师可以设计一些没有固定答案的问题,鼓励学生自由发挥,培养学生的创新思维。

(4)利用学生的疑问

教师可以将学生在阅读中可能会出现的疑问转化为问题,激发学生的学习动力。

4. 案例分析

以“环境保护”这一主题为例,教师可以设计以下问题来引领课堂阅读。

①你认为环境保护的重要性是什么？请举例说明。

②我们日常生活中有哪些行为可能对环境造成破坏？该如何避免？

③阅读某篇关于环境保护的新闻报道后，你有什么感想？

④你认为政府和企业应该如何参与环境保护？

⑤环境恶化会对人类生活带来哪些影响？你如何看待这些影响？

这些问题能够引导学生深入阅读相关内容，使学生理解环境保护的重要性和紧迫性，同时培养学生的环保意识。通过分析这些问题，学生可以在阅读中主动思考，从而提高理解能力，增强阅读效果。

（三）资源多样

阅读资源多种多样，包括纸质书籍、电子文档、网络资源等。在主题式教学的课堂阅读中，教师应充分利用与整合各种阅读资源，将阅读资源转化为阅读素材，从而满足学生的多元化需求。

1. 素材来源

（1）教材资源

教材是选取阅读素材的重要来源。教师可以从教材中挑选出与主题紧密相关的文章或段落，设计出具有启发性和思考价值的阅读题目。

(2)网络资源

互联网是一个巨大的信息库,教师可以从中获取丰富的阅读素材。这些素材可以是对主题的深入解析,也可以是相关背景知识的补充。

(3)图书馆资源

图书馆是知识的海洋,教师可以从图书馆中选取与主题相关的经典著作、专业论文等,将其作为阅读素材。

(4)生活经验资源

生活中的经验也可以作为阅读素材。这些素材能够拉近学生与主题的距离,使学生更好地理解主题。

2. 处理阅读素材的方法

(1)筛选

对于从多种资源中获取的阅读素材,教师需要进行筛选,选出与主题紧密相关的、质量较高的、适合学生阅读水平的素材。

(2)整合

对于筛选出来的阅读素材,教师需要进行整合,将它们按照一定的逻辑顺序组织起来,构建一个完整的阅读素材库。

(3)改编

对于一些不适合直接使用的素材,教师可以进行适当的改编,从而更好地满足学生的需求、更好地适应教学情境。

(4)扩展

教师可以围绕主题为学生提供一些扩展阅读的素材,引导学生在课后继续探索和学习。

3. 在选取和处理阅读素材时应注意的问题

(1)阅读素材要有启发性

选取的阅读素材应该能够引起学生的兴趣,启发学生思考,培养学生的思辨能力。

(2)处理好阅读素材与主题的关系

在选取和处理阅读素材时,教师应始终围绕主题,确保阅读素材与主题紧密相关。

(3)考虑学生的实际情况

在选取和处理阅读素材时,教师应充分考虑学生的实际情况,如年龄、知识背景、阅读水平等。阅读素材应难度适中,既不能过于简单,又不能过于复杂。

(4)鼓励学生自主学习

在选取和处理阅读素材时,教师应注重培养学生的自主学习能力,为学生提供一些具有挑战性的问题,引导学生通过独立思考和探究来解决问题。

(四)评价多元

在主题式教学的课堂阅读中,教师应采用多种评价方式,包括教师评价、学生自评和同伴互评等,全面了解学生的阅读效果。在课堂阅读的评价过程中,教师应充分考虑以下三点。

1. 要求

学生应具备基本的阅读技巧,如快速阅读、信息筛选、理解推理等,同时,应注重思考文本的深层含义,探究主题。教师需要对学生进行监督和指导,确保学生能够有效地进行阅读。

2. 评价标准

在评价学生的课堂阅读效果时,教师应综合考虑学生的参与度、阅读能力提升情况、思维发展情况等。具体的评价标准包括学生是否能够理解并运用阅读材料中的知识;是否能够批判性地分析和评价阅读材料;是否能够通过阅读培养解决问题的能力;是否能够通过阅读提升语言表达能力等。

3. 评价方式

教师可以采用多种评价方式对学生的课堂阅读进行评价。教师可以通过观察学生在课堂上的讨论情况来评估他们的理解能力和思考能力;可以通过测验或考试来检查学生对阅读材料中知识的掌握情况;还可以通过让学生撰写读书报告或论文来评估他们的分析和表达能力。同时,评价主体应该是多元的。

第三节　主题式教学的课堂问题与课堂议题设计

课堂问题的设计是主题式教学的重要组成部分。课堂问题是教学主题的分解,是课堂教学的线索。课堂问题是围绕教学主题的层次性线索而设计出来的。课堂问题包括教师在课堂上所提出的一般性问题，以及课堂上的练习题、阅读题等。课堂议题是新课程标准中提出来的。课堂议题强调课堂上的师生互动，强调通过议论来提升学生的思维能力、辩论能力。

一、主题式教学的课堂问题设计

教师应遵循主题式教学的设计原则，采用合理的设计方法，采取有效的实施策略，设计出符合学生实际、贴近主题、富有层次性和开放性的问题。问题应前后呼应，环环相扣，形成有机的问题链，成为串联整个主题式教学的课堂活动线索。问题应有利于引领学生有目的、有序地学习，同时也应有利于激发学生的学习兴趣，提高学生的思维能力和综合素养。

（一）课堂问题链的设计特点

1. 主题相关性

问题链的设计应紧密围绕主题，引导学生深入探究，促进学生对主题的理解和思考。

2. 层次性

问题链的设计应由浅入深，层层递进。问题链应具有清晰的逻辑关系，有助于学生逐步加深理解。

3. 开放性

问题链的设计应具有开放性。问题链应有助于学生从多个角度思考问题，培养学生的创新思维和批判性思维。

4. 情境性

在设计问题链时，教师应考虑具体的教学情境，将问题与学生的生活实际、学习水平结合起来，增强问题的针对性和实效性。

（二）问题链的设计方法

1. 从主题出发

教师首先应确定教学主题，然后根据教学主题设计一系列相关的问题，构建问题链。

2. 从学生出发

教师应根据学生的学习情况、兴趣爱好和认知特点，设计符合学生实际的问题链。

3. 从实践出发

教师应结合学生的生活实践和社会实践，设计具有现实意义的问题链，引导学生关注现实问题。

（三）问题链的应用策略

1. 创设问题情境

教师可以通过创设生动的问题情境，激发学生的探究欲望，促使学生主动思考问题和讨论问题。

2. 引导学生思考

在问题链的应用过程中，教师应发挥引导作用，帮助学生理解问题、分析问题和解决问题。

3. 促进合作学习

在问题链的应用过程中，教师应通过小组讨论、互动交流等方式，引导学生围绕问题链进行合作学习，提高学生的团队协作能力和沟通能力。

4. 及时反馈与评价

教师应对学生的回答给予及时反馈和评价，以鼓励学生积极思考，促进学生全面发展。

二、主题式教学的课堂议题设计

课堂议题是围绕教学主题而设计出来的用于讨论、辩论和商议的问题。《普通高中思想政治课程标准(2017 年版 2020 年修订)》指出，教学设计能否反映活动型学科课程实施的思路，关键在于确定开展活动的议题。议题既包含学科课程的具体内容，又展示价值判断的基本观点；既具有开放性、引领性，又体现教学重点，针对学习难点。围绕议题展开的活动设计内容包括提示学生思考问题的情境、运用资料的方法、共同探究的策略等。活动设计应有明确的目标和清晰的线索。教师要了解学生对议题的认识状况及原有经验，以提高教学的针对性、实效性；还要了解议题的实践价值，创设丰富多样的教学情境，引导学生应对生活世界的各种现实问题。

(一)主题式教学的课堂议题的价值

课堂议题以主题为核心，以问题解决为取向。课堂议题的价值表现在以下五个方面。

1. 提升学生的自主学习能力

课堂议题有助于引导学生探索主题，促使学生主动获取知识，也有助于培养学生独立思考和解决问题的能力。

2. 促进知识整合

围绕某一主题探究课堂议题，有助于学生整合知识、形成完整的知识体系。

3. 培养创新思维

课堂议题有利于学生进行质疑、探究，有利于激发学生的创新思维，培养学生的创新意识和创新能力。

4. 提高实践能力

通过探究课堂议题，学生能够在实践中提升解决问题的能力。

5. 提升课堂互动性

课堂议题有助于加强教师与学生之间的互动，以及学生与学生之间的互动，提高课堂活跃度。

（二）主题式教学的课堂议题的特性

1. 主题明确

课堂议题应具有明确的主题，能够引导学生进行深入思考和主动探索。

2. 问题导向

课堂议题应以问题解决为导向，促使学生通过解决问题来掌握知识和技能。

3. 互动性

课堂议题应具有互动性，能够促进教师与学生、学生与学生之间的交流和合作。

4. 情境性

课堂议题应具有情境性，能够将学生置于真实的情境中，增强学生的情感体验。

5. 开放性

课堂议题应具有开放性，能够为学生提供思考的空间，激发学生的创新思维和想象力。

(三)主题式教学的课堂议题的设计环节

1. 分析教学目标

在设计课堂议题时,教师应根据课程标准和学生的学习需求,分析教学目标,确定教学重点和难点。

2. 选择主题

在设计课堂议题时,教师应根据教学目标和实际情况选择适宜的主题。主题应具有时代性、生活性、针对性等特征,能够吸引学生的注意力,激发学生的兴趣,促进学生思考。

3. 设计议题

教师应根据主题设计议题,议题应具有层次性、开放性、探究性等特征,能够引导学生深入探究主题,培养学生解决问题的能力。

4. 提供资源

教师应为学生提供与课堂议题相关的各种学习资源,如图书、网络资源等,以便学生能够针对课堂议题进行自主学习和探究学习。

5. 设计教学策略

教师应根据课堂议题和学生的实际情况选择有效的教学策

略，如小组讨论、角色扮演、案例分析等。

6. 反思与改进

教师应针对课堂议题的应用情况进行不断反思，不断改进和完善课堂议题，有效地发挥课堂议题的价值，从而提高教学质量。

（四）主题式教学的课堂议题的应用原则

1. 学生主体性原则

教师应以学生为主体，鼓励学生主动参与课堂议题的讨论和探究。

2. 教师主导性原则

教师应对课堂议题的实施进行全程监督和引导，确保教学目标的实现和学生学习的顺利进行。

3. 整合性原则

教师应注重跨学科知识的整合，帮助学生形成完整的知识体系。

4. 开放性原则

教师应鼓励学生发表不同的观点，促进多元思维的碰撞。同时，教师应尊重学生的个体差异，满足学生的多元化需求，为学生提供个性化的支持。

5. 实践性原则

教师应注重课堂议题的实践性,通过实践活动帮助学生将理论知识转化为实际操作能力。同时,教师应创设与课堂议题相关的情境,丰富学生的情感体验。

(五)主题式教学的课堂议题的应用要求

第一,确定具体可行的教学目标,让学生在讨论过程中有目标可循,避免无目的地自由讨论。

第二,设计的议题要具有启发性、引导性和可讨论性,能够引发学生思考和探究。

第三,注重教学情境的创设,使学生在特定的情境中讨论议题,增强学生的体验感。

第四,根据学生的学习水平和需求进行分组,并指导学生在小组内针对议题进行有效的交流和讨论。

第五,在议题讨论过程中注意培养学生的批判性思维和创造性思维,鼓励学生提出新颖的观点和见解。

第六,建立和谐的师生关系,营造民主、自由的讨论氛围,让学生在轻松自由的氛围中讨论议题。

第七,对学生的讨论结果进行及时反馈和评价,帮助学生了解自己的优点和不足。

第八,在教学过程中不断反思和总结经验,不断改进和完善议题,不断改进教学策略。

第九,引导学生积极参与议题探究活动并主动获取知识,培养学生的自主学习能力、探究能力和团队协作能力。

(六)主题式教学的课堂议题的评价

在评价课堂议题是否合理、是否有效时，首先，教师应关注教学目标的实现情况，评估学生在探究议题的过程中是否达到了预期的学习目标。其次，教师应评价教学内容的整合程度，检查自己是否有效地将跨学科知识整合到课堂议题中。再次，教师应对教学方法进行评估，检查自己是否根据课堂议题采用合适的教学方法。最后，教师应对教学资源进行评估，检查自己是否充分利用有关课堂议题的各种教学资源为学生提供丰富的学习素材。

除了以上评价内容，以下七个方面也是评价主题式教学的课堂议题的重要指标。

一是课堂氛围。课堂氛围是否活跃、积极，学生是否愿意参与讨论，是否进行充分互动。

二是学生参与度。学生是否全身心投入，是否对议题感兴趣，是否能够主动地表达自己的观点。

三是思维能力。学生在讨论议题的过程中是否能够展现出逻辑思维能力、批判性思维能力和创新思维能力。

四是语言表达。学生的语言表达是否清晰、流畅，学生是否能够有效地表达自己的观点。

五是团队协作。学生是否能够与他人合作，是否尊重他人的观点，是否共同解决问题。

六是解决问题的能力。学生是否能够有效地解决问题，是否具有实际操作的能力。

七是价值观和情感态度。学生在讨论议题的过程中是否能够展现出正确的价值观和情感态度。

为了确保评价的客观性和公正性,教师可以采用多种评价方式。同时,教师应制定具体的评价标准,对学生的表现进行及时评价和反馈。此外,对于评价结果,教师应及时进行总结和反思,改进和完善课堂议题和实施策略,进一步提高教学质量。

三、案例展示

社会主义市场经济体制

(一)课程背景

本课程主题为“社会主义市场经济体制”,目标是帮助学生理解市场调节与宏观调控在社会主义市场经济中的特征和作用。在理解这一主题时,需要关注的具体问题包括社会主义市场经济的优点、缺点和秩序,以及社会主义市场经济的特点与政府调控市场经济的措施等。

(二)问题链设计

【课堂导入】通过一段商业用地拍卖的视频短片来创设情境,同时通过PPT逐步展示层层递进的问题链。

1. 土地资源是有限的,如何满足不断增长的用地需求?(计划、市场)

2. 商业用地为什么要竞拍而不由政府来划拨?(市

场调节的机制与优点)

3. 在市场交易中出现不良现象的原因有哪些?(市场调节的局限)

4. 如何防范上述情况的发生?(市场秩序与规则、宏观调控)

5. 我国市场经济有什么特点?(我国市场经济的特征)

6. 政府在经济调控中有哪些作用?(宏观调控的目标、政治经济职能)

7. 宏观调控的具体手段和政策有哪些?(财政政策与货币政策)

8. 如何看待我国当前市场经济的发展?(市场调节与宏观调控相结合)

(三)教学分析与反思

通过具体情境下的问题带入,用梯级递进的问题链来引导学生逐层深入地研究社会主义市场经济体制的基本概念、特征、手段与作用等。通过对比分析计划与市场、资本主义与社会主义市场经济、市场调节与宏观调控,激发了学生的学习兴趣,促进了学生积极思考。学生在阅读、议论与反思中加深了对教学主题的理解,在学习知识的同时培养了思维能力与学科素养,并树立了正确的价值观。

第四节　主题式教学的讲授法的应用

讲授法,也称讲述法或讲解法,是教师通过口头语言向学生系统地传授知识的方法。讲授法是人类产生语言以后传承文化的教育活动中最早使用的一种教学方法。在新课程的课堂改革过程中,讲授法的价值与地位有时被忽略了。其实,讲授法仍然是不可或缺的教学方法,我们不能低估其价值。在教学过程中,学生是学的主体,教师是教的主体;学生发挥学习的主观能动性,而教师仍然要发挥教学的主导作用。与之相关的讲授法并未过时。有效的讲授不仅不会剥夺学生主动学习的机会,而且会有助于学生学习。那种坚决反对讲授法的极端课改观点会使教学陷入盲目、松散和无序的状态。在主题式教学中,讲授法仍然具有重要的、不可替代的价值。

一、讲授法的教学优势

(一)传授知识

在主题式教学中,教师讲授仍然是一种重要的知识传递方式。通过教师的讲授,学生可以系统地学习学科知识,更快捷地掌握基本概念和原理。

（二）引导思考

教师的讲授不仅能够传递知识，而且能够引导学生进行思考。教师可以通过讲授引导学生理解问题的本质，启发学生的思维。

（三）培养价值观

教师的讲授对于学生的价值观培养具有重要意义。通过教师的讲授，学生可以掌握来自教师的更成熟、更理性的思想观念，通过学习内化为自己的价值观。

（四）提高语言表达能力

教师的讲授可以提高学生的语言表达能力。在听讲的过程中，学生可以学习如何清晰地表达自己的观点，提高自己的语言表达能力。

二、教师讲授在新课程教学中的优势

教师讲授在新课程教学中具有重要的现实价值和优势。在新课程教学中，教师应充分发挥讲授的作用，结合其他教学方式，提高教学质量。

（一）系统性强

教师在讲授的过程中可以引导学生系统地学习知识，帮助学生构建完整的知识体系。

（二）信息量大

相对于其他教学方式，教师讲授可以在有限的时间内传递更多的信息，提高教学效率。

（三）便于互动

在新课程教学中，教师在讲授的过程中可以与学生进行有效的互动。教师可以根据学生的反馈及时调整讲授内容和讲授方法，增强教学效果。

（四）适应性强

教师的讲授可以根据学生的实际情况进行调整，以适应不同学生的学习需求。教师可以将以往教学中遇到的难点、易错点等提前提供给学生作为学习参考。这会让学生节省学习时间、少走弯路。同时，教师还可以根据学科特点选择合适的讲授方法，提高教学质量。

三、讲授法的应用要领

在主题式教学中，讲授法通常用于引导学生理解主题、掌握相关知识点、构建知识体系。

（一）明确教学目标

在应用讲授法之前，教师应明确教学目标，确保教学内容与主题紧密相关,使学生能够系统地掌握知识。

(二)合理安排教学内容

在应用讲授法时,教师应根据主题和学生的实际情况,合理安排教学内容,既要保证知识的系统性,又要注重内容的趣味性,激发学生的学习兴趣。

(三)运用多种教学手段

讲授法并非单一的口头讲述,教师可以采取板书展示、PPT 展示、实物展示等多种教学手段,使讲授内容更加生动、形象,帮助学生理解教学内容。

(四)注重师生互动

在讲授过程中,教师应适时提出问题,引导学生思考,鼓励学生发表观点,营造良好的师生互动氛围。

(五)强化重点与难点

在讲授过程中,教师应强调主题的重点与难点,通过运用解释、举例、对比等方法,帮助学生加深理解。

(六)及时反馈与总结

在讲授结束后,教师应及时给予学生反馈,指出其不足之处,并总结主题内容,帮助学生巩固所学知识。

四、应用讲授法需要注意的事项

（一）避免灌输式教学

讲授法并非简单地灌输知识，教师应注重启发学生思维，培养学生的自主学习能力。

（二）适度使用讲授法

在主题式教学中，讲授法虽然重要，但是并不是唯一的教学方法。教师需要根据实际情况，适度使用讲授法，将讲授法与其他教学方法结合起来，从而达到更好的教学效果。

（三）关注学生的反馈

教师应注意学生的反馈情况，如发现学生难以理解讲授内容，应及时调整教学方法和进度，确保学生取得良好的学习效果。

（四）不断提升自身素质

教师需要不断更新知识体系，提高教学水平，以满足主题式教学讲授法的应用需求。

五、增加讲授法教学吸引力的基本要求

讲授法作为一种基本的教学方法，具有信息量大、知识系统性

强等优点。然而,在实际教学中,讲授法往往因为单调、枯燥而难以吸引学生的注意力。增加讲授的艺术性和吸引力,可以有效地提高学生的学习热情和参与度。教师在教学过程中应当不断探索和实践,找到适合学生的教学方法,提高自己的教学水平。只有这样,才能真正实现教学相长,达到教育的目的。教师可以从以下六个方面着手来提升主题式教学的课堂讲授魅力。

(一)语言表达丰富多彩

教师应使用生动、形象的语言,更好地吸引学生的注意力。教师可以通过运用比喻、拟人等修辞手法,使抽象的概念变得具体化,帮助学生更好地理解知识。

(二)投入情感

教师的情感状态对学生的影响是巨大的。教师应当以积极、乐观的态度进行教学,将自己的热情传递给学生,激发学生的情感共鸣。

(三)掌控节奏

教师应根据教学内容和学生的反应,适时调整自己的语速、音量和节奏,使讲授过程张弛有度,调动学生的积极性和主动性。

(四)利用多媒体技术

利用 PPT、视频、音频等多媒体技术可以丰富教学手段,吸引学生的注意力,激发学生的学习兴趣。例如,在历史学科的教学中,教师可以利用历史纪录片来辅助教学，让学生更直观地了解历史事件。

（五）引入实例

实例可以帮助学生更好地理解抽象的概念。教师应当根据教学内容，选择恰当的实例，将理论知识与实际生活结合起来，调动学生的学习积极性。

（六）进行互动式教学

从讲课前的准备到课堂上的讲授，教师都应时时关注学生的需求、学生的情绪变化，通过提问、讨论等方式，引导学生积极参与教学过程，激发学生的学习兴趣。同时，教师应当及时对学生的表现进行反馈。

综上所述，在主题式教学中，讲授法不仅不应被抛弃或轻视，而且应该作为一种重要的教学方法。教师需熟练掌握其应用要领，增强学术底蕴，提高表述的科学性与艺术性，在讲授的同时注重启发学生思维，培养学生的自主学习能力。同时，教师应根据实际情况适度把讲授法与其他教学方法结合起来，从而达到预期的教学效果。

第五节　主题式教学的课堂练习设计

主题式教学的课堂练习能够提升学生的综合应用能力，使学生更好地掌握核心知识点。通过课堂练习,学生能够更加深入地理解学科知识,并学会在实际情境中运用知识。此外,主题式教学的课堂练习还能提高学生的自主学习能力,培养学生的创新思维能力和解决问题的能力。

主题式教学的课堂练习通常围绕一个具体的主题展开,主题与实际生活紧密相连。主题式教学的课堂练习强调知识的整合与运用,而不是强调单一知识点的记忆。此外,主题式教学的课堂练习还具有开放性、探究性和实践性等特点,能够激发学生的好奇心和求知欲,培养学生的批判性思维能力。在设计主题式教学的课堂练习时,教师应注意以下环节和要求。

一、确定主题

在设计主题式教学的课堂练习时,教师应明确课堂练习的主题和目标。课堂练习的主题归根结底是核心素养,即必备知识、关键能力、学科素养和核心价值。新课程的核心理念就是培养学生的核心素养。而主题式教学的课堂练习应从这四个方面来确定主题。课堂练习主题不能仅仅停留在章节或课的题目上,教师应将题目所串联起来的能力、素养与价值观进行全面规划。教师确定课堂练习主题时可以从以下六个方面着手。

(一)分析教学内容

教师应深入分析教学内容,明确课程的教学目标和重点、难点,为确定课堂练习主题提供依据。主题式教学课堂练习的首要任务是确定内容主题。

（二）研究学生的需求

教师一方面应研究国家与社会对学生的要求，另一方面也应研究学生的个性需求。教师可以通过与学生交流、进行问卷调查等方式，了解学生的学习需求和兴趣，为确定有针对性的课堂练习主题提供参考。在设计主题式教学课堂练习时，教师应充分考虑学生的学科素养。这就需要教师在选题和命题时全面考虑情境贴近生活的要求。

（三）参考教材和资料

教师应结合教材和相关资料，提取与教学内容相关的信息，进一步丰富和完善课堂练习。

（四）创设情境

教师应根据确定的课堂练习主题，创设具体、生动的情境，激发学生对课堂练习的学习兴趣和探究欲望。

（五）设置练习任务

教师应围绕课堂练习主题，设置具体的课堂练习任务，确保学生在完成任务的过程中能够掌握相关知识和技能。

（六）调整和完善

教师应根据学生的反馈和学习效果，对练习主题进行调整和完善,从而更好地满足学生的学习需求。

二、围绕主题

课堂练习任务是课堂练习的一部分。在设置课堂练习任务时,教师应遵循以下原则。

第一,目标明确。教师应明确教学目标,确保练习任务与主题紧密相关,这有助于学生理解和掌握知识。教师应使练习目标与教学目标保持一致。例如,一个关于"新发展理念"的练习材料中用到了对外贸易依存度的数据对比,分析了我国东北地区的外贸依存度与现状,然后在答案中指向了要加强对外贸易、搞活东北经济。这个练习题仅从题目的逻辑分析上来看是明晰的,但是从目标价值导向来看,党的十九届五中全会以来,经济发展目标是构建国内大循环为主体、国内国际双循环相互促进的新发展格局。对外贸易依存度虽然是重要的国际贸易指标,但"依存"这个概念需要辩证分析,仅用对外贸易依存度来评价某个经济领域是片面的,练习目标容易失之偏颇。

第二,内容综合。练习任务应涉及多个学科,培养学生的跨学科综合能力。

第三,贴近生活。练习任务应与学生的实际生活相结合,让学生活学活用,提高学生的学习兴趣和参与度。

第四,层次递进。教师应设计不同难度的练习任务,满足不同层次学生的学习需求,促进学生个性化发展。

第五,具有创新性。练习任务应具有创新性,有助于学生发挥创新精神、培养解决问题的能力。

三、提供资源和指导

在主题式教学的课堂练习环节,教师需要提供丰富的学习资源和必要的指导,从而确保学生取得较好的学习效果。

(一)提供学习资源

在主题式教学的课堂练习环节,教师需要为学生提供各种学习资源,包括教材、课件、网络资源等。这些资源应涵盖与主题相关的各个方面,以便学生能够全面了解主题、深入探究问题,并从中获取知识和技能。

1.教材

教材包含与主题相关的基本概念、理论和方法,有利于学生系统地掌握相关知识。此外,教材中有丰富的案例和实例,有助于学生更好地理解主题。

2.课件

课件可以作为教材的辅助材料,提供更多的背景信息和扩展性知识。课件可以采用图文、动画、视频等多种形式,以便学生更好地理解主题。

3.网络资源

网络资源可以为学生提供丰富的学习资料和信息,帮助学生了解主题的最新发展动态。教师可以选择一些权威的网络资源，将其推荐给学生，并指导学生进行信息检索和筛选。

（二）提供必要的指导

在主题式教学的课堂练习环节，教师需要为学生提供必要的指导，包括学习方法指导、学习策略指导和答疑解惑等。这可以帮助学生更好地掌握学习方法和技巧，提高学习效率和学习质量。

1. 学习方法指导

教师可以根据学生的学习情况和特点，为他们提供一些有效的学习方法，如分组讨论、合作探究等。这些方法可以帮助学生更好地探究问题、更好地完成课堂练习。

2. 学习策略指导

教师需要教会学生制订学习计划、安排学习时间、整理学习笔记等学习策略。这些策略可以帮助学生更好地管理学习，提高学习效率。

3. 答疑解惑

教师需要及时回答学生的问题，帮助学生解决在课堂练习中遇到的困难和疑惑。教师可以进行集体答疑，也可以进行一对一的辅导和帮助。此外，教师还可以利用网络平台或社交工具，为学生提供更加便捷的答疑服务。

四、交流与反思

在主题式教学的课堂练习环节,课堂交流与反思是提高教学质量和学生学习效果的重要环节。通过课堂反思,学生能够对所学知识进行回顾、总结,能够培养批判性思维和自主学习能力。在课堂练习环节,课堂交流是促进学生思维活跃、加深知识理解的重要手段。

(一)创设开放性问题

教师可以提出开放性问题,引导学生思考、讨论,激发学生的学习动力。例如,在历史学科的主题式教学中,教师可以提出"如果你是当时的历史人物,你会如何决策"这类问题,激发学生的想象力。

(二)鼓励小组讨论

教师可以将学生分成小组,鼓励学生在小组内展开讨论、相互交流观点、碰撞出思想的火花。教师可以适时参与小组讨论,给予指导和帮助。

(三)利用多媒体资源

教师可以利用多媒体资源,如图片、视频等,丰富课堂练习内容,增强学生的感官体验,激发学生的表达欲望。

（四）引导学生总结

在课堂练习环节结束后，教师可以引导学生对练习内容进行总结，帮助学生梳理思路、加深理解。

（五）鼓励自我评价

教师可以引导学生对自己的练习过程进行反思和评价，找出自己的不足和优点，进而调整学习方法，提高学习效率。

（六）开展互动评价

教师可以鼓励学生进行互评、互相学习、共同进步。通过这种方式，学生可以了解自己完成课堂练习的情况，明确进一步学习的方向。

（七）提供反馈意见

教师需要及时、具体地对学生在课堂练习环节的表现给予反馈意见，帮助学生认识到自己的不足和需要改进的地方。同时，教师也需要对学生给予肯定和鼓励，提高学生的积极性和自信心。

（八）设计拓展性问题

在课堂练习的反思环节，教师可以设计一些拓展性问题，引导学生进一步探究所学主题，开阔学生的视野。例如，教师可以设计“这个主题和现实生活有什么联系”“这个主题对我们的个人成长有什么启示”等问题，引导学生将所学知识与现实生活结合起来，培养学生的批判性思维能力和问题解决能力。

五、反馈矫正

在课堂练习中，教师可以通过提示、指导和提供参考答案或建设性意见等方式对学生的学习成果进行反馈矫正。反馈矫正有助于学生弥补自己的不足、改进自己的学习策略。当然，对于学生的合理创意和不同见解，教师应认真倾听和辨别，不能武断地否定或抑制，应善于发现其中的合理因素，鼓励学生进行创新。在主题式教学的课堂练习中，教师进行反馈矫正时应注意以下问题。

首先，反馈矫正应注重及时性。在课堂练习环节，教师应密切关注学生的表现，一旦发现错误或问题，应及时进行反馈矫正。同时，反馈矫正的内容应具体、明确，让学生清楚自己存在的问题，以便学生有针对性地进行改进。

其次，反馈矫正应具有层次性。对于不同水平的学生，反馈矫正的难度和深度应有所区别。对于基础较为薄弱的学生，教师应以基础知识的反馈矫正为主；而对于能力较强的学生，教师则应提高反馈矫正的难度，引导学生进行更深入的思考和探索。

再次，反馈矫正的方法应多样化。除了传统的点评以外，教师可以采用学生互评、自我评价等方式，让学生更主动地参与到反馈矫正的过程中。同时，教师还可以利用信息技术，进行个性化反馈矫正。

最后，反馈矫正应重视激励和引导。在反馈矫正的过程中，教师应注重对学生进行鼓励和激励，提高学生的学习积极性和自信心。同时，教师还应引导学生正确对待错误和问题，帮助学生形成积极的学习态度和反思习惯。

总之，在主题式教学的课堂练习环节，反馈矫正是非常重要的。通过及时、具体、有层次、多样化的反馈矫正，教师可以帮助学生更好地掌握知识、提高技能、提升素养，促进学生全面发展。

第六节 主题式教学的课堂思维培养

在主题式教学中，课堂思维培养具有重要的价值。通过主题式教学，教师可以帮助学生建立系统化的知识结构，提高学生的思维能力、问题解决能力和创新能力。思维培养从古至今都是教育的重要内容。思维培养有助于培养学生的自主学习能力、协作能力和反思能力，有助于为学生未来的学习和工作奠定坚实的基础。

一、主题式教学课堂思维培养的基本要求

（一）注重主题目标的综合性

主题式教学以主题为核心，所有的教学活动都围绕主题展开。这有助于学生系统地掌握知识、提高思维能力。主题式教学的主题不仅是知识的主题，也是思维的主题。在设计主题时，教师应从获取与解读信息、运用知识、描述和阐释事物，以及论证与探究问题等方面确定相应的一项或几项思维能力培养的目标，同时也应

充分考虑学科素养目标和价值目标。

(二)将自主学习与合作学习结合起来

在主题式教学中,教师需要引导学生进行自主学习和合作学习。通过自主学习,学生可以发挥自己的主观能动性,提高自己的思维能力。通过合作学习,学生可以互相交流、互相启发,进一步拓展自己的思维。

(三)以问题解决和探究为核心

问题解决和探究是主题式教学中重要的教学方法。通过问题解决和探究,学生可以深入理解知识,提高自己的思维能力。同时,问题解决和探究也有助于培养学生的创新能力和实践能力。

二、主题式教学课堂思维培养的方法

(一)问题导向学习

问题导向学习是一种以问题为核心、以学生为主体的方法。教师通过引导学生解决实际问题,促进学生主动学习,提高学生的思维能力。在主题式教学中,教师可以将教学内容设计成一系列的问题,引导学生通过解决问题来学习知识、培养思维能力。

问题导向学习鼓励学生通过自我导向的学习,提高解决问题的能力。在主题式教学中,问题导向学习对于培养学生的思维能力具有积极作用。

1. 问题导向学习的设计原则

（1）问题设计

问题是问题导向学习的起点。设计的问题应具有真实性、创新性、开放性，能够引发学生的探究欲望，培养学生的问题解决能力。

（2）学生中心

问题导向学习强调学生的主体地位。教师应引导学生主动参与问题解决的过程，培养学生的自主学习能力和协作学习能力。

（3）教师角色

在问题导向学习中，教师的角色从传统的知识传授者转变为引导者和支持者。教师需要对学生进行适当的引导，并提供必要的学习资源。

2. 问题导向学习的设计步骤

（1）设计问题

教师根据课程目标和学生的实际情况，设计真实、开放的问题。

（2）组建小组

教师引导学生根据兴趣和特长组建小组，共同解决问题。

（3）初步分析

教师引导学生对问题进行初步分析，确定需要解决的问题和学习目标。

（4）收集信息

教师鼓励学生通过自主学习和协作学习,收集解决问题的相关信息。

(5)制定方案

教师指导学生根据收集的信息制定解决问题的方案。

(6)实施方案

教师引导学生实施制定的方案、尝试解决问题。

(7)评估结果

教师指导学生对解决问题的过程和结果进行自我评估,并进行总结和反思。

3.问题导向学习的设计挑战与对策

(1)问题设计

问题设计是问题导向学习的难点之一,教师需要深入理解学科知识,了解学生的实际情况,设计出有效的问题。

(2)学生自主学习

问题导向学习要求学生进行自主学习和协作学习。对于习惯于传统教学方式的学生,教师需要进行引导和鼓励。

(3)教师素质要求

问题导向学习要求教师从知识传授者转变为引导者和支持者,需要教师具备较高的教学能力和专业素养。

(4)时间与资源

问题导向学习需要大量的时间和资源,学校和教师需要合理安排教学计划,合理进行资源分配。

(5)评价方式

问题导向学习与传统的教学方式不同，需要采取更加多元化和更加全面的评价方式。

（二）案例分析法

案例分析法是一种以实际案例为基础的教学方法。教师通过分析案例来培养学生的思维能力。在主题式教学中，教师可以选取与主题相关的案例，引导学生进行分析、讨论和总结，培养学生的批判性思维能力。

案例分析法作为一种有效的教学方法，有利于培养学生的分析、推理和解决问题的能力，有利于培养学生的思维品质。在主题式教学中，教师在运用案例分析法提高学生思维能力时，可以从以下几个方面着手。

1. 选择适当的案例

教师应选择与课程内容相关的案例，确保案例具有代表性和启发性。案例应能激发学生的兴趣，引发学生的思考和讨论。

2. 呈现案例

在课堂上呈现案例时，教师可以采用多种方式，如口头描述、书面材料展示、多媒体展示等，确保学生能够全面理解案例，为后续的讨论和分析奠定基础。

3. 引导学生讨论

在学生对案例有了一定的了解后，教师应引导学生进行讨论，鼓励学生发表自己的观点,提出问题和解决方案。教师在此过程中应发挥引导作用,帮助学生深入探讨案例。

4. 分析案例

通过分析和讨论,学生能够深入理解案例中的问题,找到解决方案。教师应对学生的观点进行分析和总结,帮助学生更好地理解和掌握知识。

5. 总结和反思

在讨论结束后,教师应进行总结和反思,对学生的表现给予肯定和鼓励,指出需要改进的地方。同时,教师应反思教学方法的有效性问题,不断提高教学质量。

(三)小组合作法

小组合作是一种以小组为单位的教学方法。通过小组内部的协作和交流,学生能够培养合作精神和思维能力。在主题式教学中,教师可以组织学生进行小组合作学习,让学生在小组内交流想法、分享经验,促进学生的思维碰撞和共同成长。

小组合作学习作为一种有效的教学策略,能够使学生在互相协作的过程中提高思维能力。小组合作学习能够让学生在学习过程中互相交流、讨论,从而激发学生的学习兴趣和积极性。通过进行小组合作学习,学生不仅可以共享知识,还可以学会从不同角度思考问题,培养创新思维和批判性思维。教师在主题式教学中开展小组合作学习,应注意以下五个方面。

1. 明确学习目标

在组织小组合作学习之前，教师需要明确学习目标，确保学生了解需要完成的任务。

2. 合理分组

教师应根据学生的特点和学习水平进行合理分组，确保每个小组的成员能够互补。

3. 选择合适的主题

教师应选择具有挑战性和开放性的主题，从而使学生在思考和讨论的过程中提高思维能力。

4. 引导学生讨论

教师应在小组合作学习过程中积极引导学生讨论，促使学生从多个角度思考问题、发散思维。

5. 反馈和评价

教师应及时给予学生反馈和评价，以便学生了解自己的学习状况，及时调整学习策略。

（四）角色扮演法

角色扮演法是一种模拟实际情境的教学方法。教师通过让学生扮演不同的角色，促进学生更好地理解和应用知识，培养学生的思维能力和实践能力。在主题式教学中，教师可以组织角色扮演活动，让学生在模拟的情境中体会不同角色的思维方式和行为特点，提高学生的思维能力。

1. 角色扮演法的作用

角色扮演法在培养学生思维方面具有独特的作用。

(1)激发创新思维

角色扮演法鼓励学生从不同的角度思考问题，这有助于激发学生的创新思维。

(2)提升批判性思维能力

通过模拟真实情境和角色扮演，学生能够批判性地分析问题，并做出合理的决策。

(3)培养解决问题的能力

角色扮演法鼓励学生运用所学知识解决实际问题，这有助于提高学生的问题解决能力。

(4)提高团队协作能力

在角色扮演过程中，学生需要与同伴合作完成任务，这有助于提高学生的团队协作能力。

2. 运用角色扮演法培养学生思维能力的步骤

(1)选择合适的主题和情境

教师应选择与学生生活相关的主题和情境，从而激发学生的学习兴趣，提高学生的参与度。

(2)设计角色和任务

教师应根据主题和情境,设计具有挑战性的角色和任务,引导学生进行深入思考。

(3)组织角色扮演活动

教师应引导学生积极参与角色扮演活动,鼓励学生发挥自己的想象力和创造力。

(4)引导讨论和反思

在角色扮演活动结束后,教师应引导学生进行讨论和反思,从而帮助学生深入理解所学的知识和技能。

(5)提供反馈和指导

教师应针对角色扮演活动为学生提供反馈和指导,从而帮助学生改进自己的思维方式和解决问题的方法。

(五)创意思维法

创意思维法是一种以培养学生的创新思维和创造力为目标的教学方法。创意思维法注重启发学生的想象力和创造力,鼓励学生在学习过程中主动发现问题、解决问题,并注重通过实践活动培养学生的创新思维和创新能力。在主题式教学中,教师可以引导学生发挥想象力、创造力,提出新颖的想法和解决方案。创意思维法可以通过创意写作、创意设计和创意表演等方式来实施。

创新思维是学生未来发展的重要基础。在主题式教学中,创意思维法有着重要的教育价值。创意思维法在运用过程中有以下四个要求。

1. 设定主题

教师需要根据课程内容和学生的学习情况，设定一个具有启发性和探究性的主题。主题应具有开放性和多元性的特征，能够引导学生从多个角度进行思考和创新。

2. 进行创意引导

在教学过程中，教师可以提出开放性问题，引导学生进行想象和联想，组织学生进行头脑风暴，激发学生的创新思维。

3. 组织实践活动

教师应通过组织学生开展实践活动，让学生亲身体验创新的乐趣。例如，教师可以组织学生进行创意设计、创意制作、创意展示等，让学生在实践中培养创新思维和创新能力。

4. 评价与反馈

教师需要对学生发挥创造力的过程和成果进行评价和反馈。评价应以鼓励和肯定为主，激发学生的自信心和学习动力。同时，教师还需要对学生的创新思维进行有针对性的培养，促进学生全面发展。

三、案例展示

鹤城的文化宝藏

1. 教学目标

(1)基于走进“齐齐哈尔市博物馆”的活动情境,结合实例及课堂活动,感受齐齐哈尔市悠久的历史文化,理解中国特色社会主义文化的发展路径,引导学生树立文化自信,培育学生的政治认同。

(2)引导学生主动、自觉地参与保护和传承家乡文化的活动,为发展中国特色社会主义文化贡献力量。

2. 教学方法和手段

基于学生本位,促进学生全面发展。

“任务 · 问题”驱动下的探究式学习:引导学生在完成主题任务与探究问题的过程中,加深对知识的理解,提升思维能力。

“合作 · 分享”场域下的生成式学习:通过营造“小组合作 - 分工协助 - 优势互补”的课堂教学氛围,使学生在有榜样、有竞争、有获得的氛围中学习,坚持显性教育和隐性教育相统一。

“经典 · 通俗”风格下的互补式教学:“因材施教”,

关注学生的差异化需求。因此，在情境、任务、问题和评价中，必须兼顾不同层次、不同特点的学生的情况，既要“高站位”，又要“接地气”，坚持讲授和启发相统一。

3. 教学进程

(1)导入新课

【序幕:新时代的文化“复兴”潮】

播放有关鹤城宝藏的视频:家乡齐齐哈尔市文化遗产的沉浸体验(纪录短片)。

【学生活动】通过观看视频，感悟家乡齐齐哈尔市作为国家历史文化名城的深厚文化积淀和丰富的文化资源，并抒发对家乡的热爱与赞美。

【教师总结】从视频中我们看到要让收藏在博物馆里的文物、陈列在广阔土地上的遗产、书写在古籍里的文字都“活起来”。这想必会引发我们的深入思考:是什么点燃了我们对优秀传统文化的热爱? 又是通过怎样的方式让我们重新找回了深植在我们心中的自信呢?

(设计分析:通过纪录片，导入新课，并引发学生对探求如何让文化“活起来”的路径的求知欲，为后续教学活动的开展奠定基础)

(2)新课教学

【第一幕:如果国宝会说话】

【任务驱动】为文物撰写宣讲文案并上台配音。具体要求如下。

以小组为单位，以齐齐哈尔市博物馆为载体，为其“镇馆之宝”创作宣讲文案；以精简优美的文字讲述文物背后的故事，以第一视角读懂中国文化、品味中国智慧；完成文案的创作后，每组选派一名同学作为发言代表，进行配音展示。

【学生活动】

让“文物”说话：四个小组的同学从文物角度、从“督军署”角度撰写文案，并上台进行配音展示。

【教师总结】如果文物真的会说话，它们一定会感谢同学们精彩的创作展示。同学们精彩的创作展示使它们以如此鲜活的姿态呈现在我们面前。这也让我们明白，传播中华优秀传统文化，需要用与时俱进的讲述方式去激活它的生命，挖掘文物背后的文化精神。

（设计分析：以博物馆的“镇馆之宝”为切入点，立足时代之基，引导学生在课前搜集自己感兴趣的有关博物馆的资料，提升学生的课堂参与度。组织学生创作并展示宣讲文案，训练思维，提升文化的自觉与自信）

【第二幕：如果我是策展人】

【任务驱动】设计博物馆策展方案，具体要求如下。

以小组为单位，为博物馆设计图文并茂的策展方案，思考让文化“活”起来、博物馆“火”起来的路径。完成方案设计后，选择一名同学作为发言代表，进行方案展示。

【学生活动】学生设计并展示方案。学生可能会从人民的精神文化需求得到满足、时代气息浓厚、方式新颖独特等角度作答。

【教师总结】我们将文化发展的基本路径总结为以下几个方面。第一,刚才的策展方案中最突出的特点就是综合创新。我们要发展文化,就要综合创新。第二,文化应满足人民群众的需求,我们应坚持文化发展为了人民、依靠人民,发展成果由人民共享。第三,文化发展还应体现时代特征,立足时代之基,回答时代之问。对于这一点,同学们都进行了融合。

(设计分析:通过为博物馆设计策展方案,训练学生的思维,引导学生感悟文化发展的路径,增强学生的体验感和参与感,引导学生自觉地思考让文物“活”起来、让博物馆“火”起来的路径,培养学生的责任担当意识)

【第三幕:如果没有这些人】

【情境创设】文化发展为了人民,同时也要依靠人民。我国丰富多彩的文化资源背后有一批文化的传承人,他们耐得住清贫与寂寞,默默地坚守并弘扬中华优秀传统文化,让我们的文化之花历经岁月沧桑依然绚烂多彩。

【语录品读】了解我们祖国延续不绝的历史,就能自然形成强烈的民族自尊心和民族自豪感。中华民族的传统文化底蕴深厚,早就深植在我们的心中,只要遇到合适的环境就会茁壮成长,成为参天大树。

【学生活动】浏览文物传承人的事迹,感悟他们为中华文化的发展所做出的贡献。

(设计分析:通过呈现优秀文艺工作者的事迹概要,

带领学生思索并感悟文艺创作坚持以人民为中心、离不开人民群众的主体力量,从而引导学生自觉担负起继承、传播和弘扬中华文化的责任感和使命感)

【第四幕:赓续历史辉煌,再创城市之光】

齐齐哈尔这座英雄城市不仅有象征文明程度的文化遗产,而且拥有与地理环境相适宜的新时代文化自信,如齐齐哈尔舰。

【情境创设】引入齐齐哈尔舰的相关素材。

【学生活动】通过阅读资料了解齐齐哈尔舰的故事,增强对齐齐哈尔的热爱与敬畏。

【教师总结】翻阅历史,马占山将军指挥"江桥抗战",打响了中国武装抗日的第一枪!在抗日战争、解放战争、抗美援朝战争中,为国捐躯的革命烈士达十万人之多。用齐齐哈尔命名,是我们的骄傲,充分体现了国家对这座城市的信任与厚爱。

(设计分析:教师以新时期不断发展建设中的家乡——齐齐哈尔为素材,使学生产生情感共鸣,激励学生要自信地宣传齐齐哈尔这座英雄城市,弘扬文化)

(3)【课堂习题】阅读材料,完成任务。

党的二十大报告指出:"坚持百花齐放、百家争鸣,坚持创造性转化、创新性发展,以社会主义核心价值观为引领,发展社会主义先进文化,弘扬革命文化,传承中华优秀传统文化,满足人民日益增长的精神文化需求。"

"繁荣发展文化事业和文化产业。坚持以人民为中心的创作导向，推出更多增强人民精神力量的优秀作品，培育造就大批德艺双馨的文学艺术家和规模宏大的文化文艺人才队伍。”

“坚守中华文化立场，提炼展示中华文明的精神标识和文化精髓，加快构建中国话语和中国叙事体系，讲好中国故事、传播好中国声音，展现可信、可爱、可敬的中国形象。”

结合材料和所学知识，谈谈如何进行文化创新，满足人民日益增长的精神文化需求。

（设计分析：学生通过阅读党的二十大报告原文，感悟文化发展的重要性，通过对有关文化创新措施的试题进行分析与解答，巩固本课所学的知识，提升学以致用的能力）

上述案例设计的亮点在于从“博物馆奇妙夜”分析文化发展的基本路径，通过“如果国宝会说话”“如果我是策展人”“如果没有这些人”三个环节，将素材与知识进行了较好的融合。教学设计着眼于学生的生活体验，同时承载了学科内容。学生通过写文案为国宝配音、化身策展人、做文创等活动，培养了学科核心素养。同时，教师在课堂活动中注重培养学生的思维，引导学生从历史的、国情的、辩证的、民族的和国际的角度进行思考，引导学生观察、反思和实践，坚持主体性与主导性相统一，以及理论性与实践性相统一。

第七节　主题式教学课堂探究活动的实施

主题式教学作为新课程教学的一种重要方式，强调围绕一个明确的主题进行学习和研究。这种教学方式有利于培养学生的合作探究能力和解决问题的能力。

探究活动是主题式教学的重要形式。在课堂探究活动中，教师引导学生通过合作的方式围绕某一个主题进行深入探究，从而提升学生的批判性思维能力和协作能力。在这个过程中，学生不仅能够获取知识，而且能够掌握学习方法，从而培养学科核心素养。

一、主题式教学课堂探究活动的几个误区

（一）忽视学生的独立思考

在主题式教学课堂探究活动中，有些教师急于让学生展开讨论，导致学生没有深入地思考问题。有的学生甚至还没有完全理解问题就开始讨论。这样的讨论效果必然大打折扣。为了使学生能够真正深入地探究问题，教师需要留出足够的时间让学生独立思考，然后再组织学生进行讨论。

（二）忽视学生的个性化体验

在主题式教学课堂探究活动中，有些教师过于注重学生得出

的结论,而忽视了学生在探究过程中的个性化体验。每个学生都是独一无二的个体,他们在探究过程中会有不同的体验和收获。教师应当尊重学生的个性化体验,鼓励学生分享自己的观点和感受。这样不仅能够激发学生的学习兴趣,还能够培养学生的批判性思维。

(三)忽视探究活动的开放性

在主题式教学课堂探究活动中,有些教师会设定好固定的探究路径和方法,这会导致探究活动过于封闭。这种做法限制了学生的思考,使探究活动变得单调乏味。为了使探究活动更具开放性和趣味性,教师应尽可能地为学生提供多种探究路径和方法,鼓励学生自由选择和尝试。

(四)忽视教师的引导作用

在主题式教学课堂探究活动中,有些教师过于强调学生的自主探究,而忽视了自身的引导作用。学生的自主探究是重要的,但教师的引导也是不可或缺的。教师应当在探究活动中适时地引导学生,帮助学生解决遇到的困难和问题,保证探究活动顺利进行。

(五)忽视探究活动的评价

在主题式教学课堂探究活动中,评价是至关重要的环节。然而,有些教师往往忽视这一环节。评价不仅能够帮助学生了解自己的不足之处,还能够激励学生更加积极地参与探究活动。因此,教师应对探究活动进行评价,并为学生提供具体的反馈信息和建议。

二、主题式教学课堂探究活动的基本环节

课堂探究活动应符合主题式教学的一般要求。课堂探究活动一般包含选择主题、创设教学情境、组织小组合作探究、展示与交流、总结与反思等环节。

(一)选择主题

在开展课堂探究活动时,教师应先选择主题,为后续的教学设计和教学活动奠定基础。教师应选择符合教学目标的主题,应遵循三个原则:第一,主题与教学内容紧密相关;第二,主题能够激发学生的兴趣;第三,主题具有一定的开放性,便于学生进行深入探讨。

(二)创设教学情境

教学情境的创设有助于引导学生进入主题,提高学生的参与度。情境应真实、生动,紧扣主题,同时应具有一定的探究性。也就是说,教师在创设情境时应设置一定的悬念,这样才能在探究中引发学生思考。教师可以利用多媒体展示、实物展示、角色扮演等方式创设情境。

(三)组织小组合作探究

小组合作探究是主题式教学课堂探究活动的核心环节。在这

一环节，教师应根据学生的实际情况进行合理分组，确保每个小组的成员能够互补、发挥各自的优势。教师还应明确探究任务，提供必要的学习资源，引导学生进行小组讨论，鼓励学生积极发表观点，培养学生的协作能力。

（四）展示与交流

在小组合作探究的基础上，各小组需要对探究成果进行展示和交流。这一环节有助于学生互相学习、互相启发，有助于学生进一步加深对主题的理解。教师应对学生的展示给予及时反馈，对学生的创新观点给予肯定，对存在的问题给予指导。

（五）总结与反思

教师需要对整个教学过程进行总结与反思。教师应总结教学成果，梳理学生在探究过程中形成的新认识和新观点。教师应反思教学过程，审视教学中存在的问题和不足之处，以便进一步完善主题式教学设计。同时，教师应引导学生进行自我总结和反思。

三、主题式教学课堂探究活动的案例分析

不断完善的社会保障

（一）活动目标

1. 让学生了解社会保障的基本概念、内容和重要性。

2. 培养学生的团队协作能力和探究能力。

3. 引导学生结合社会实际对我国社会保障的现状和发展前景形成理性认识。

(二)活动准备

1. 教师准备

教师确定探究主题和研究导向,提供必要的资料,制定评价标准。

2. 学生准备

学生进行分组,选择探究主题,收集资料。

(1)背景研究

学生通过阅读教材、相关文献了解社会保障的概念、主要内容、发展历程及其在现代社会中的重要性。

(2)分组探究

学生分为若干小组,每组选择一个与社会保障相关的主题进行深入探究,如社会保险、社会救助、社会福利、社会优抚等。

(3)资料收集

学生通过图书馆、网络等途径收集相关资料,深入了解所选主题的现状、存在的问题与解决方案。

(三)课堂活动

1. 基础材料交流展示

各个小组代表在课堂上以文本或PPT的形式对本组收集到的材料进行展示,并相互交流。教师通过多媒体展示我国在社会保障方面取得的各项成果。

2. 小组讨论

结合各小组的交流结果,小组内部进行讨论,整理与分析收集到的资料,形成小组的综合报告。

3. 课堂展示

各小组代表上台展示本组的综合报告,其他同学和教师进行提问,小组进行答辩或分享观点。

4. 总结反思

教师引导学生进行总结并反思收获和不足,使学生形成相对完整的研究结论或成果,并对探究活动提出改进建议。

(四)活动评价

1. 过程评价

教师评价学生在探究过程中的参与度、团队协作能力和探究能力。

2. 结果评价

教师评价学生提交的报告的质量和答辩表现。

3. 教师评价

教师对学生的探究成果进行总结性评价,提出建设性意见。

(五)活动延伸

开展以社会保障为主题的辩论赛或研讨会,引导学生深入思考社会保障问题。

组织学生参观社会保障机构或企业,了解社会保障的实际情况。

主题式教学课堂探究活动需要遵循新课程理念,以教师为主导,以学生为主体,凸显生活化、结构化、趣味化、人文化等特点。

上述案例体现了高中思想政治学科主题式教学的一种常见的课堂探究活动课程的设计流程。在课堂教学中,教师与学生紧紧围绕一个经过提炼的主题。教师对与主题相关的教学内容、教学环节进行整合,并创设必要的教学情境,引导学生主动参与、进行合作探究,从而实现提升学生学科核心素养的目标。上述案例体现出三个明显的活动特征。

第一,提炼鲜明的主题,整合教材内容。

在主题式教学课堂探究活动中，活动主题的选择是关键。一个鲜明的主题既可以统领教材内容，又可以激发学生的探究欲望。在确定主题时，教师可以从社会现实和学生的生活实际出发，提炼出鲜明的主题；可以从学生的学习要求和思想动态出发，确定主题；可以把国家或地方重大事件、人物或学生身边的事例作为开展主题式教学的有效载体。上述案例根据《普通高中教科书 思想政治 必修2 经济与社会》第四课第二节“我国的社会保障”，设定了“不断完善的社会保障”这一主题。该主题紧密联系现实生活，把一个知识性的问题通过一个动态性的词语——“不断完善”进行了限定，指导学生辩证地分析我国社会保障的内容。这能够激发学生探究问题的兴趣，有助于促进学生形成正确的价值观。当然，确定主题不一定都另辟蹊径，大部分主题可以直接使用原有的课题，因为教材中的每一课都是知识体系中的一个具体的主题。

第二，创设活动情境，运用多媒体手段，再现典型场景。

苏霍姆林斯基认为：“如果教师不去设法在学生身上形成这种情绪高涨、智力振奋的内部状态，那么知识只能引起一种冷漠的态度，而不动感情的脑力劳动只会带来疲劳。”[①]主题式教学必须从抽象、枯燥的形式中解放出来，走出理论与实际相脱离的困境。因此，创设生动活泼的教学情境，就要从学生的现实生活出发。生活是教学的源泉和动力。为此，在开展主题式教学课堂探究活动的过程中，教师应紧扣探究的主题，运用多媒体手段再现典型场景或故事情景等，激发学生的学习兴趣和热情。在上述案例中，教师通

① B. A. 苏霍姆林斯基：《给教师的建议（修订版　全一册）》，杜殿坤编译，教育科学出版社 1984 年版，第 83 页。

过多媒体手段为学生创设探究的情境，学生不用走出教室就能纵览我国在社会保障方面取得的各项成果，也能够发现问题。学生在愉悦的氛围中产生了探究的兴趣和动力。

第三，设计活动问题，根据相关的问题情境，提出疑难问题。

教师在课堂上要给学生留出提问的时间和空间。在开展主题式教学课堂探究活动的过程中，提出疑难问题既是探究的重要环节，又是培养学生问题意识的重要方法。活动问题的设计要结合教材内容、生活实际和学生的认知结构等。因此，教师在设计活动问题时应注意以下三个方面。

设计的问题要有启发性。能够启迪学生思维的问题有利于促使学生产生浓厚的学习兴趣和探求知识的欲望。

设计的问题要有层次性。设计的问题应让学生经过由浅入深、由特殊到一般的思考过程逐步得到答案，使学生的思维始终处于由感性认识上升到理性认识的状态中。

设计的问题要面向全体学生。设计的问题应让不同层次的学生都有思考的空间和表达自己见解的机会。

第八节　主题式教学综合实践活动的开展

主题式教学综合实践活动是一种以主题为核心，通过实践活动引导学生主动探究、进行合作学习的新型教学方式。它强调学生的主体性，旨在培养学生的创新精神和实践能力，提高学生的综合素质。

一、主题式教学综合实践活动的教育价值

(一)激发学生的学习兴趣

在主题式教学综合实践活动中,教师将枯燥的理论知识融入生动有趣的实践活动中,使学生在亲身体验中感受知识的魅力,从而激发学生的学习兴趣。

(二)提高学生的综合素质

通过参与主题式教学综合实践活动,学生能够培养观察、表达、合作等方面的能力,围绕实际问题参与活动,在解决问题的过程中培养思维能力,提高综合素质。

(三)培养学生的创新精神

在主题式教学综合实践活动中,学生需要独立思考,发散思维,自主探究。这有利于学生培养创新精神。

(四)促进师生互动

主题式教学综合实践活动需要教师和学生共同参与,有助于增进师生之间的互动和了解,促进教学相长。综合实践活动常以小组合作的形式开展,需要学生共同探讨、分工合作。这有助于提高学生的团队协作能力。

（五）加强知识的实际应用

通过参加主题式教学综合实践活动，学生可以将所学知识应用于实际情境中，加深对知识的理解和记忆，同时也可以更好地体会所学知识在实际生活中的应用价值。

二、主题式教学综合实践活动的实施建议

（一）主题选择

主题式教学综合实践活动的第一步是选择主题。主题应具有探究性、实践性和综合性，能够激发学生的兴趣，提高学生的实践能力。在选择主题时，教师应充分考虑学生的年龄、兴趣和能力，确保主题符合学生的认知水平和发展需求。

（二）活动准备

在开展综合实践活动前，教师需要进行充分的准备，包括收集相关资料、准备必要的工具和设备、制订活动计划等。教师应对学生进行安全教育，确保学生在活动过程中遵守安全规定，避免发生意外事故。在筹备阶段，教师需要合理安排时间，提前规划好活动时间，确保活动有序进行。教师在活动中应给予学生适当的指导和评价。

同时，教师还需要提前制定安全保障措施，制定风险预案，充分了解、评估和排查风险隐患，尽量在规范的教育基地或有专人管

理且风险可控的场所开展活动,避免在偏僻郊野、危险区域或无人区开展活动。

(三)活动开展

在活动开展阶段,教师应引导学生进行探究、实践和反思。学生应以小组为单位进行活动,通过观察、实验、调查等方式收集数据,分析问题,提出解决方案。教师应对学生的实践活动进行指导,既要鼓励学生积极参与,提高活动的参与率,又要帮助学生解决问题,增强活动效果。

(四)成果展示与评价

在活动结束后,学生应展示和交流探究成果。这有助于学生之间互相学习、共同进步。同时,教师应对学生的探究成果进行评价,肯定学生的成绩和进步,指出不足之处,从而帮助学生进一步提高探究能力。评价应以过程性评价为主,关注学生的实践能力和思维能力。

(五)活动反思

教师应对活动进行总结和反思。这有助于发现活动的优点和不足,为以后开展活动提供借鉴。教师应引导学生反思自己在活动中的表现、总结经验教训、提高实践能力。同时,教师也应对自己的指导工作进行反思,不断改进教学方法和策略。

三、在组织综合实践活动时应避免的错误做法

在综合实践活动中，有的教师可能会采取一些错误做法。这会导致综合实践活动效果不佳。

（一）忽略学生的实际需求

有的教师在设计综合实践活动时忽略了学生的实际需求。他们可能只从自己的角度出发，考虑课程的宏观需要，而没有充分了解学生的兴趣、需求和能力。在这种情况下，综合实践活动可能无法吸引学生的注意，无法激发学生的兴趣，也无法满足学生的学习需求。

（二）缺乏明确的目标和计划

综合实践活动需要有明确的目标和计划。然而，一些教师没有制定清晰的目标和计划。这导致综合实践活动缺乏方向和重点。学生在参加综合实践活动的过程中可能会感到迷茫，无法明确活动的目的和意义，从而影响学习效果。

（三）过于强调形式而忽略实质

一些教师过于追求综合实践活动的形式，而忽略了其实质内容。他们可能会组织学生开展各种形式的综合实践活动，但是这些活动可能没有实际意义，与课程内容的关联度不高。在这种情况下，学生可能只体验到了活动的形式，而无法从中获得实质性的

学习成果。

(四)缺乏有效的指导和评价

在综合实践活动中,教师需要对学生进行有效的指导和评价。然而,一些教师没有充分履行这一职责。他们没有给予学生足够的指导,这导致学生在遇到困难时无法得到及时的帮助。同时,他们也没有对学生的学习成果进行有效的评价,这导致学生无法了解自己的学习状况和进步情况。

四、主题式综合实践活动案例展示

本地乡土资源调查

(一)活动背景

随着城市化进程的加速,一些乡土文化资源面临着消失或被忽视、被遗忘的处境。为了深入了解和保护乡土文化资源,教师组织授课班级进行了一次主题式教学综合实践活动,旨在通过实地调查,挖掘和整理乡土文化资源,促进乡土文化的传承与发展。

(二)活动目标

1. 深入了解乡土文化资源,包括自然景观、历史遗迹、民间传说等。

2. 对乡土文化资源进行分类整理，挖掘其文化价值和经济价值。

3. 促进乡土文化的传承与发展，加深学生对乡土文化资源的认识，增强学生的保护意识。

（三）活动过程

1. 准备阶段

教师组织学生学习相关理论知识，制订调查计划和方案，准备必要的调查工具和设备。

2. 实地调查阶段

教师组织学生按照计划前往目标地点进行实地调查，收集相关资料，包括文字、图片、视频等。

3. 整理分析阶段

教师引导学生对收集到的资料进行分类整理，深入研究其文化价值和经济价值，形成调查报告。

4. 展示阶段

学生通过多种方式展示调查成果，加深对乡土文化资源的认识。

（四）活动成果

第一，形成了详细的乡土文化资源调查报告，包括自然景观、历史遗迹、民间传说等方面的内容。

第二,挖掘出了乡土文化资源的文化价值和经济价值。

第三,通过展示,增强了对乡土文化资源的保护意识,为促进乡土文化的传承与发展做出贡献。

(五)总结与反思

本次主题式教学综合实践活动取得了丰硕的成果。学生不仅深入了解了乡土文化资源,挖掘出了其文化价值和经济价值,而且加深了对乡土文化资源的认识。学生在实践过程中也发现了一些问题和不足之处,需要进一步反思和改进。例如,在调查过程中发现有些地方存在破坏和污染的现象,需要加强环境保护,同时,也需要加强对乡土文化资源的保护和传承,避免文化资源流失和消亡。

针对以上问题和不足之处,提出以下建议和改进措施。

第一,加强环境保护教育,增强环境保护意识,共同保护好自然环境。

第二,加大对乡土文化资源的保护力度,建立健全相关法律法规,确保文化资源的传承和发展。

第三,加强宣传推广工作,提高乡土文化资源的社会认知度和影响力,吸引更多的人关注和参与乡土文化资源的保护和传承活动。

第四，继续开展主题式教学综合实践活动，深入挖掘和整理更多的乡土文化资源。

主题式教学综合实践活动具有重要的教育价值。它不仅有助于激发学生的学习兴趣和学习动力，提高学生的综合素质，培养学生的创新精神，还有助于加强师生之间的互动和沟通，提升教学质量。因此，教师在主题式教学中应积极开展综合实践活动，让学生在活动中体验知识的构建，在实践中运用所学知识，在参与活动中得到锻炼。

第四章　主题式教学的评价方式

第一节 主题式教学的课堂评价

主题式教学的课堂评价是对学生学习过程与学习成果的一种价值判断。通过有效的课堂评价，教师可以了解学生的学习状况，发现学生存在的学习问题，为进一步教学提供依据。同时，学生可以通过评价了解自己的学习状况，明确自己的学习目标，调整自己的学习策略。

一、主题式教学课堂评价的特征

(一)针对性

主题式教学的课堂评价以主题为核心，针对学生在学习过程中的表现和取得的学习成果进行评价。

(二)过程性

主题式教学的课堂评价不仅关注学生的学习成果，而且重视学生的学习过程，注重学生的思考能力、探究能力、协作能力等。

(三)多元性

在主题式教学的课堂评价过程中，教师从知识技能、情感态度、学习方法等多个角度对学生进行评价，注重评价的多元性。

（四）互动性

主题式教学的课堂评价强调师生互动、生生互动。在课堂评价过程中，教师鼓励学生参与评价过程，提高评价的公正性和有效性。

二、主题式教学课堂评价的实施环节

（一）确定评价目标

确定评价目标，可以为评价指明方向。在确定主题式教学的课堂评价目标时，教师应遵循以下四个原则。

一是清晰明确。评价目标应清晰明确，易于理解和操作。

二是具有全面性。评价目标应涵盖主题式教学评价的各个方面，包括知识、技能、情感、态度、价值观等。

三是具有导向性。评价目标应具有导向性，能够引导学生朝正确的方向发展。

四是具有针对性。评价目标应尽可能地具体化，具有针对性，以便教师进行客观、准确的评价。

确定评价目标主要有以下两个步骤。

第一，明确教学目标。教师应根据课程大纲和学生的实际情况，明确教学目标。教学目标应包含知识、技能、情感、态度等多个方面。

第二，分解教学目标。教师应将教学目标分解为具体的、可测量的子目标。子目标应包括学生在学习过程中需要掌握的知识点、技能点等。

(二)制定评价标准

教师应根据评价目标,制定具体的评价标准,包括评价方法、评价内容、评价等级等,为评价提供依据。制定评价标准时,教师应遵循以下六个原则。

一是以教学目标为导向。评价标准应紧扣教学目标,以确保教学活动围绕既定目标来展开。

二是全面覆盖。评价标准应涵盖知识、技能、态度等多个方面的内容,以确保评价具有全面性。

三是便于操作。评价标准应具体明确,易于操作,避免过于抽象或难以量化。

四是关注发展。评价标准应关注学生的发展,鼓励学生在原有的基础上取得进步。

五是内容确切。教师应根据教学目标确定评价的具体内容,如学生的学习态度、课堂参与度、知识掌握程度等。

六是设计量化标准。教师应根据评价内容设计具体的量化标准,如分值分配标准、等级划分标准等。

(三)选择评价方法

教师应选择合适的评价方法,如观察法、测验与考试、作品评价、口头表达和交流,以及问卷调查和量表评价等。

一是观察法。教师通过观察学生在课堂上的表现,如参与度、互动情况、学习态度等,来评价学生的学习效果。这种方法适用于评价学生的学习态度与合作精神。

二是测验与考试。教师通过课堂测验或考试来评价学生对知识的掌握和应用情况。这种方法适用于评价学生的知识学习情况和技能应用情况。

三是作品评价。对于一些实践性较强的主题,教师可以通过评价学生的作品来评估其技能掌握情况。这种方法适用于评价学生的实践能力和创新思维能力。

四是口头表达和交流。教师可以通过组织学生进行口头表达和交流来评价其语言表达能力、思维能力。

五是问卷调查和量表评价。教师可以通过设计问卷或量表让学生进行自我评价或互相评价,了解学生的学习感受、学习态度等。这种方法适用于评价学生的自我认知能力和人际交往能力。

在选择评价方法时,教师应注意以下三点。

一是评价方法的多样性。教师应选择多种评价方法,以便全面了解学生的学习情况和发展情况。

二是评价方法的针对性。教师应根据评价目标和课程内容选择合适的评价方法,以确保评价的有效性和准确性。

三是评价方法的可操作性。教师应考虑评价方法的实际操作难度和成本,以确保评价具有可行性和可持续性。

(四)实施评价

教师按照评价标准和评价方法进行评价,收集评价信息。在实施课堂评价前,教师应对照主题目标。评价目标应与教学的主题目标一致。教师应着重关注学生的必备知识、关键能力、学科素养、核心价值等。教师可以根据教学内容和学生的实际情况，制定具体的评价目标，如学生对主题的理解程度、问题解决能力、团队协作能力等。同时，针对不同的评价目标，教师需制定相应的评价策略。

课堂评价的目的是促进学生学习和促进教师专业成长。因此，教师应及时整理和分析评价结果，找出教学中的不足之处，调整教学策略。同时，教师应关注学生的个体差异，针对不同学生的特点，提供个性化的指导和帮助。

在实施课堂评价时，教师应注重将过程评价和结果评价有机结合起来，全面反映学生的学习情况。教师应尊重学生的主体地位，鼓励学生在评价中积极参与，提高学生的自我反思能力。教师还应遵循公平、公正的原则，保证评价结果的客观性和有效性。

（五）反馈结果

教师将评价结果及时反馈给学生，为进一步的教学提供参考。课堂评价可以为教师提供反馈信息，有助于教师优化教学策略。在反馈评价结果时，教师应注意以下四点。

一是及时性。教师应及时将评价结果反馈给学生，让学生能够及时了解自己的学习状况。

二是具体性。评价结果应具体、详细，让学生明确自己的优点和不足之处。

三是建设性。评价结果应具有建设性，能够为学生提供改进的建议和方向。

四是尊重性。评价结果应以尊重学生为基础,教师应避免对学生进行贬低和打击。

评价结果反馈主要有以下三种方法。

第一,口头反馈。教师可以在课堂上直接对学生进行口头反馈,让学生及时了解自己的学习情况。口头反馈应简洁明了,能够让学生快速理解。

第二,书面反馈。教师可以通过作业、测验等方式对学生进行书面反馈,让学生更加深入地了解自己的学习状况。书面反馈应详细具体,能够让学生清楚地知道自己存在的问题。

第三,互动反馈。教师可以与学生进行互动反馈,让学生参与到评价过程中。通过互动反馈,学生可以清楚地了解自己的优势和弱点,并且能够与教师进行交流和讨论。

三、主题式教学课堂评价的实施原则

(一)科学性原则

在进行主题式教学课堂评价时,教师应遵循科学的教育教学理念,客观、公正地反映学生的学习状况。教师应全面评估教学质量,包括教学态度、教学方法、教学效果等。

(二)发展性原则

主题式教学的课堂评价应以促进学生发展为目标。教师应通过评价激励学生不断成长。教师还应关注学生的学习过程,关注学生的参与度、思考能力、协作能力等。

（三）导向性原则

主题式教学的课堂评价应具有明确的导向性，引导学生发现问题并找到解决问题的方法。

（四）可操作性原则

主题式教学的课堂评价应具有可操作性，以便教师进行实际操作。

（五）互动性原则

主题式教学的课堂评价应注重师生互动、生生互动。教师应与学生进行交流，及时进行反馈，鼓励学生参与评价过程，为学生调整学习策略提供依据。

综上所述，课堂评价是主题式教学的重要环节。及时、有效的课堂评价对学生具有重要影响。教师采用口头、书面和互动等方式对学生进行反馈，不仅可以帮助学生提高自己的学习能力，还可以增进师生关系。教师在进行反馈时应根据实际情况选择合适的方式。同时，教师应鼓励学生积极参与评价过程，以提高学生的学习积极性和自主性。通过合理的评价结果反馈，主题式教学的课堂评价将会更加科学、客观和有效，从而为提高教师的教学质量和增强学生的学习效果提供有力支持。

第二节　主题式教学的处方式评价

在主题式教学中，评价学生的学习成果和学习能力是一项重要任务。主题式教学的处方式评价是一种有效的评价方式，旨在通过关注学生的个体差异，提高学生的学习质量，增强学生的学习效果。

处方式评价是一种针对特定学生或特定教学需求而设计的个性化评价方法。它借鉴了医学处方的概念。教师根据学生的特点和需求，为学生制定合适的评价方案，从而促进学生全面发展。处方式评价兼具诊断式评价和过程性评价的优势。

一、处方式评价的价值

首先，处方式评价充分考虑到学生发展的阶段性，有利于循序渐进地增强学生的学习效果。

其次，处方式评价有利于促进学生个性化发展。教师通过精准地诊断，找出学生在学习过程中遇到的困难和问题，为学生提供有针对性的指导和帮助，从而提高学生的学习质量。处方式评价关注学生的个体差异。

再次，处方式评价有利于教师及时进行反馈，有利于学生了解自己的学习状况、积极参与学习活动，也有利于教师调整教学策略、更好地满足学生的学习需求。

最后，处方式评价不仅注重学生的知识掌握情况，还注重学生的思维能力、学习态度和价值观等，有利于提高学生的综合素养。

二、处方式评价的特征

处方式评价具有以下七个特征。

一是差异性。处方式评价充分考虑学生的个体差异，以学生为中心，关注学生的不同兴趣、不同表现，满足学生的个性化发展需求。

二是针对性。处方式评价主要从学习内容着手，以主题性诊断为基础，精准找出问题。

三是应用性。处方式评价以增强学生的学习效果为目标，提供有效地解决问题的策略。

四是及时性。处方式评价能够及时地反映学生的学习情况，并提供反馈信息。

五是多维性。处方式评价不仅关注学生的知识掌握情况，还关注学生的非智力因素的培养。

六是交互性。处方式评价强调师生之间的交流与互动，促进教学相长。

七是过程性。处方式评价关注学生的学习过程，而不是仅仅关注结果。

三、处方式评价的设计环节

（一）确定目标

目标是教学评价的重要依据，对过程设计起到导向作用。目标应具有可测性，避免空泛而笼统。为此，教师应根据年级特点和学生个体的特点确定明确、具体、可测量的目标。这有利于对学生的知识掌握情况、技能形成情况和情感发展情况进行全面评价。在确定学业成绩目标时，教师应将目标细化到不同的学习模块、单元，可以通过标准化测试来发现学生在学业质量方面表现出来的差异化问题，从而针对不同层面的学生制定不同的学业成绩目标。

（二）确定标准

标准是教学评价的尺度。在确定标准的过程中，教师应充分考虑各年龄段学生的特点和心理发展规律，根据不同的教学内容制定出相应的评价标准。新课程标准在评价标准方面提出了层次鲜明的学业质量标准，为教师在教学中进行有针对性的处方式评价提供了重要依据。当然，教师应该根据新课程标准，进一步细化每一课时的评价标准，也应该为每一位学生制作“成长记录手册”，结合学生的学习基础、能力、特点来制定出符合学生个性化学习需求的评价标准。

（三）选择方法

方法要依据目标来进行选择。在选择方法的过程中，教师应充分考虑各种方法的优缺点和可行性，根据需要选择最适宜的方法。例如，教师可以采用观察法对学生日常学习状态进行观察和记录；采用问卷调查法对学生的学习进度进行了解；利用标准化试题来评价学生的阶段性学习成果和存在的差距；采用答辩方式对学生进行个性化评价等。总之，教师应结合目标选择最适合的评价方法。

（四）制订改进计划

针对教学评价结果，教师需要对学生的学习情况、学习方法等进行深入分析，从而提出具体的改进计划。改进计划应该包括学生需要改进的方面、需要采取的措施、预期的目标、时间表等。

这个环节是非常重要的，它不仅有助于教师对学生的学习状况进行总结和反思，而且有助于学生实现长远发展的目标。通过分析教学评价结果，教师可以发现学生在哪些方面表现优秀、在哪些方面有待提高。这有助于教师准确地把握学生的需求，为学生制定出个性化的教育方案，从而促进学生更好地发展。

除了以上环节，教师还需要跟进和评估改进计划的执行情况，确保学生按照计划进行改进，并定期对改进结果进行评估。这有助于教师及时了解学生的进步情况，了解计划的实施效果，从而对计划进行调整和改进。

在实施改进计划的过程中，教师应评估计划的执行效果，根据实际情况对计划进行适时的调整和优化。例如，如果发现某些学生在学习方法和学习习惯上存在较大的问题，教师则需要进行额外的辅导和干预；如果多数学生对某一学习环节感到有困难，教师则需要调整教学策略,简化学习内容。

通过动态调整和优化,教师的改进计划将更加契合学生的实际需求,更加注重学生的个体差异。教师应该鼓励学生参与计划的制定和调整,让学生有更多的机会发表自己的观点,从而增强学生的学习积极性,提高学生的参与度。这不仅需要教师具备敏锐的观察力和教育智慧,还需要教师不断学习和研究教育理论。

四、处方式评价应避免的错误做法

(一)概念模糊,缺乏明确的标准

在进行处方式评价时,教师首先需要明确评价的对象和标准。然而,实际操作中常常出现概念模糊、标准不明确的情况。这可能导致评价结果失去客观性和公正性,甚至引发争议和误解。例如,在评价学生的学习表现时,如果没有明确、具体的评价标准,仅凭个人主观感受或印象进行评价,那么评价结果就会缺乏说服力。

(二)过于主观,缺乏客观依据

处方式评价往往涉及人的主观判断,但如果教师仅凭自己的主观感受进行判断,缺乏客观依据,评价结果就可能失真。

(三)忽视潜力,形成刻板印象

处方式评价往往注重当前表现,但教师如果在评价过程中忽视了学生的发展潜力,就可能形成某些刻板印象,使教学缺乏灵活性。例如,在评价某项作业的完成情况时,有的教师只关注最终的成绩指标,而忽视了作业完成过程中的问题与困难,这就难以全面了解学生表现出来的实际能力和发展潜力。

(四)忽视学习的差异性

每个学生都具有独特的学习能力、兴趣、经验和生活背景。这些因素都会导致学生在学习过程中有不同的表现。然而,在进行处方式评价时,有的教师往往只注重学习内容和成绩的差异,只关注学生对特定知识点或技能的掌握情况,而忽略了学生的个体差异和全面发展。这不仅无法准确地反映学生的实际水平,还可能导致学生自信心受挫。

五、处方式评价错误做法的原因

(一)评价目标不明确

有的教师在进行评价时未能明确评价目标。这导致评价过程缺乏针对性,评价结果无法有效地反映学生的学习状况和教师的教学效果。

(二)评价内容片面

有的教师在评价过程中过于注重学生的知识掌握程度,而忽视了对学生思维能力、学习态度、实践能力等的评价。这导致评价结果不全面。

（三）评价方法单一

有的教师过于依赖传统的考试和测验，忽视了学生的其他优势和潜力。这种单一的评价方法无法全面、准确地反映学生的综合素质。

（四）沟通机制缺乏

由于教师个人或学校管理方面的原因，有的教师未能及时、准确地为学生提供反馈信息。这导致学生无法及时了解自己的不足，也无法有针对性地进行改进。

教师应全面把握主题式教学的实施步骤、原则与要求，理解处方式评价在教育教学中的现实作用和价值，以“评价是为了更好地教学，更好地教学和评价最终是为了学生更好地学习”这一教育理念为宗旨，明确评价目标，完善评价内容，采用多维度的评价方法，及时反馈信息。这不仅有利于学生在评价中发现自己存在的问题，也有利于教师不断提高自身的评价能力。同时，学校和教育部门也应加强对教学评价的指导和监督，推动教学评价持续改进和完善。

第三节　主题式教学的进阶式评价

主题式教学注重学生的差异化特征，教师在教学评价中应考虑学生学习的差异性。有梯度的教学评价在学科教学中的重要性日益凸显出来。新课程标准中新增的学业质量水平和分层素养目标，为教师提出了明确的阶梯式教学要求，也对主题式教学评价提出了进阶式的要求和参考建议。但是，教学评价还存在着一些误区，与新课程标准的要求还有一定的差距。

一、当前教学评价的误区

下面主要从教学评价的课堂提问、作业和考试等主要环节来分析当前教学评价存在的几个误区。

（一）课堂提问评价中的误区

1. 只重结果而忽视过程

有的教师在评价学生的回答时，只关注答案的正确性，而忽略了学生在回答问题时的思路、态度等。这种单一的评价会导致学生过分追求答案的正确性，而忽略了思考的过程和学习的过程。同时，部分教师过于依赖预先设定的标准答案，而忽略了学生的创造性和灵活性。这种僵化的评价会限制学生的思考，导致评价结果不恰当或狭隘。

2. 忽视学生的主体性

当没有得到预期的答案或迟迟没有等到学生的有效回答时，有的教师往往失去耐心，不是引导学生自己找到答案，而常常急于给予学生结论或答案，让学生失去思考的动力。而引导学生自主探究恰恰是主题式教学的核心理念。

3. 缺乏有效反馈

在评价学生的回答时，一些教师往往只给出简单的对错判断或笼统的评价语，而缺乏具体的反馈和建议。这会导致学生无法全面而深入地理解问题，无法及时进行调整和改进。

（二）作业评价中的误区

1. 数量过多

有的教师在布置作业时追求数量，而忽视了质量。这会占用学生大量的时间，使得学生需要完成大量的作业。大量的作业压力会使学生没有时间去消化、温习所学知识，使学生无法进行自主学习和自由思考。大量的作业压力可能会使学生产生厌学情绪，从而影响教学与评价的效果。

2. 缺乏针对性

在布置作业时，有的教师采用“一刀切”的方式，没有针对学生的不同学习水平和不同需求进行个性化设计，所有学生完成同样的作业。这不能很好地满足学生的最近发展区需求。部分学生会觉得过于简单，缺乏挑战性。

此外，有的教师在布置作业时过于追求难度。这导致作业超出了学生的学习能力，容易使学生产生挫败感，影响学生的学习积极性，不利于激发学生的学习兴趣和信心。

(三)考试中的误区

1. 试题缺乏情境设计

情境是社会化、生活化的场景。有的教师在命制试题时单纯地注重知识本身,忽视了情境的有效设计。有的教师即使设计了情境,但是在最后设问的环节还是脱离了材料,学生不审读材料也可以作答。这样的情境就成了冗余。这让情境失去了应有的价值。

2. 试题缺乏有效区分度

试题应该有一个较为合理的区分度。有些试题不能突出重点,出题较偏。有些试题在已知条件、设问逻辑方面缺乏层次性,缺乏对不同层次学生的区分。

3. 反馈和补偿性测验缺乏

有的教师在讲评试卷的过程中只讲答案,而缺乏对审题、答题的分析,缺乏对学生出现错误的原因的分析,较少针对错题或学生在考试中暴露出来的薄弱问题进行二次检测或补偿性测验。这就减弱了评价的反馈矫正功效。

基于上述问题,教师应充分考虑学情和学生个体的差异性,采用进阶式评价的方式,将教学评价的功效真正发挥出来。

二、进阶式评价概述及特征

(一)进阶式评价概述

进阶式评价是以学生的实际水平为基础,通过设计符合学生水平的学习任务,让学生在完成任务的过程中获得成就感、激发学习兴趣、促进个性发展、提高实践能力、增强学习效果、培养创新思维能力、提升综合素质、提高团队协作能力的教学评价方式。

进阶式评价是一种与主题式教学相契合的评价方式。主题式教学的主题性、差异性和实践性要求都可以在进阶式评价中得到检验。进阶式评价强调在教学过程中通过不断调整教学策略和方法,逐步提高学生的知识水平和实践能力。这种评价方式旨在优化教学过程,提高学生的综合素质。

进阶式评价在主题式教学实践中具有重要意义。进阶式评价关注学生的个体差异。教师根据学生的实际情况进行分层教学,根据学生的不同特点制定个性化的评价标准,鼓励学生发挥自己的特长和优势。进阶式评价能够让学生感受到自己的进步,激发学生的学习动力,促进个性发展。进阶式评价强调培养学生的自主学习能力和思维能力,注重学生之间的交流与合作,有助于提高学生的综合素质。同时,进阶式评价有助于教师及时发现主题式教学中存在的问题,调整教学策略和教学方法,满足学生的个性化学习需求,帮助学生更好地理解和掌握所学知识。此外,进阶式评价能够及时反馈学生的学习情况,使学生及时调整学习策略,从而增强学习效果。

(二)进阶式评价的特征

1. 诊断性

进阶式评价具有诊断性的特征。教师通过进行进阶式评价能够对学生的学习情况进行评估,从而发现问题,制定相应的教学策略。进阶式评价有助于教师了解学生的学习需求,可以为教师确定教学主题、改进教学方法提供依据。

2. 评价标准层级化

进阶式评价采用灵活的评价标准,不仅注重学生的知识掌握情况,还注重学生的实践能力、学习态度和创新能力等。进阶式评价标准以新课程标准为依据。教师围绕教学主题,结合新课程标准中有关学业质量水平和素养要求的内容来制定进阶式评价标准。这有助于教师更准确、更全面地了解学生的综合素质和学习效果,从而更好地开展教学活动。

3. 评价结果反馈化

进阶式评价强调将评价结果作为改进教学策略和教学方法的依据。通过对评价结果进行分析,教师可以了解学生的学习需求和存在的问题,从而调整教学策略和教学方法,提高教学质量。同时,进阶式评价还鼓励学生进行自我反思和自我调整,从而实现自我发展。

三、进阶式评价的操作策略与方法

(一)积累评价数据,确定差异化评价依据

评价数据作为评价学生的重要依据,对于了解学生的差异性、提高评价质量具有重要意义。

评价数据包括作业和各级考试成绩、学科竞赛成绩等方面的数据。评价数据是进行有效评价的重要前提和依据。教师可以通过日常记录、统考、定向测评等方式来获得评价数据。

(二)明确梯度,制定科学的评价标准

制定评价标准是一项至关重要的任务。评价标准不仅是对学生的学习成果进行评估的依据,也是对教师的教学质量进行评估的依据。因此,教师应根据教学目标和教学内容来制定科学的评价标准。

首先,教学目标是制定评价标准的基础。目前,高中各学科并没有考试大纲和考试说明,只有唯一的评价依据,即课程标准。课程标准中明确规定了教学目标,将学业质量划分为不同水平,并描述了不同水平学习结果的具体表现。这正是教师评价学生学习成果的重要依据,是教师制定评价标准的基础。学科核心素养是学科育人价值的集中体现,是学生通过学科学习逐步形成的正确价值观、必备品格和关键能力。对于必备知识,评价标准可以包括学生对主题知识的掌握程度,以及对原理或学科观点的掌握程度。

对于关键能力,评价标准可以包括学生基于主题背景的理论应用能力、综合分析能力、实践操作能力、沟通表达能力等。

其次,教学主题是制定评价标准的重要依据。教学主题不同,学生需要掌握的知识和技能也不同。因此,评价标准必须根据教学主题的特点来制定。教材是主题式教学的重要依据和基础,对教学评价具有重要影响。教师需要了解教材的结构、内容、难度等,明确教材的重点和难点,并对其中的知识点进行梳理和分析,从而确定教学主题。只有明确了教学主题,才能制定出合理的评价标准。此外,教师还需要对教材的编排顺序、结构安排等进行分析,从而确定进阶式评价是否符合主题式教学的要求。

最后,在制定评价标准时,教师还需要考虑评价的公平性和客观性。教师应该在试题命制过程中充分体现出评价的层次性,让每个层次的学生都能够得到有效的阶段性检测,避免失去评价效度。同时,因为学习主题是统一而有集中指向性的,所以评价标准是一致的。教师应避免评价结果出现偏差。同时,评价标准必须客观地反映学生的学习差异和学业质量水平的层级,避免主观因素对评价结果产生影响。

综上所述,评价标准的制定必须根据教学目标和教学内容,同时还需要考虑评价的公平性和客观性。只有制定科学的评价标准,才能够对学生的学习成果和学业质量进行准确的评估,促进主题式教学质量不断提高。

(三)循序渐进,找准最近发展区

进阶式评价的核心要求是基于学生的最近发展区,循序渐进地通过提出问题－评价－反馈－改进－提出新问题这样的机制来促进学生发展。为了做好这一工作，教师必须充分了解学生的学习进度和预期达成的目标。

1. 找准学生的最近发展区

找准学生的最近发展区，需要教师了解学生的现有水平。教师可以进行基础知识测试，了解学生的基础水平。教师还可以通过问卷、访谈、分析学生作业、批阅试卷等方式来了解学生的学习进度、学习方法、学习困难和学习预期等。在课堂上，教师应善于观察学生的表现，如课堂参与度、注意力、回答问题的阻力等，根据实际情况相应地提升或降低问题的难度，使围绕主题的教学评价能够符合学生的发展需求。

2. 确定学生的潜在发展水平

教师还需要确定学生的潜在发展水平。教师可以通过分析课程标准、分解学习主题、总结经验、评估预测等方式来确定学生的潜在发展水平。从某种程度上来说，进阶式评价就是在基于教学主题的评价中不断地、渐进地寻找学生的最近发展区，并不断地引导学生突破最近发展区的教育实践过程。

3. 反馈矫正，以评促学

为了提高教学质量，反馈评价结果是非常重要的。教师需要及时了解学生的学习情况和自己的教学效果，以便调整教学策略。学生需要及时了解自己的学习情况，以便调整学习策略。通过反馈评价结果，学生可以找出自己的不足之处，及时调整学习方法。教师可以根据反馈结果，调整教学内容和教学方法，更好地满足学生的学习需求。因此，反馈评价结果对于提高主题式教学的质量具有积极的作用。

为了更好地利用反馈结果，教师应该建立一个良好的反馈机制。在课堂教学中，教师应围绕教学主题，采用提问、讨论等多种方式与学生进行互动，让学生及时了解自己对主题的掌握情况，同时也可以及时收集学生的反馈意见，从而调整教学策略。

教师也需要积极参与反馈评价。在课堂上，在学生回答问题时，教师应及时引导、点拨、纠错，及时批改作业、试卷等，给予学生指导性建议。教师既要鼓励学生创新，又要适度控制学生回答、讨论的时间与边界，让有限的课堂时间得到最大化利用，帮助学生挖掘主题、发现问题，并给予帮助。

当然，学校教务部门和教研部门需要协助教师对评价数据进行统计与分析，积极参与反馈评价，及时了解各学段、各层次学生的学习情况，给予学生信息反馈，提供必要的支持和鼓励，同时也可以根据反馈结果，指导学生围绕学习主题调整学习的阶段性目标，并提出阶段性的学习要求。学校还可以利用导师制进行定向评价与指导，有针对性地帮助学生沿着主题学习路径不断发展。

教师应鼓励和支持学生积极参与反馈评价过程，培养学生自主评价、自我反思和自我激励的能力。学生通过反思，能够找到自己的学习目标和不足，并学会改进自己的不足，从而形成积极的学习态度。

教师还应关注反馈评价中的不同观点和看法，充分发掘学生的潜力,激发学生的创造力。在课堂讨论和小组活动中,教师应鼓励学生充分表达自己的观点,给予学生提出意见的机会,促进相互学习。

在反馈评价过程中,教师还应关注学生的情感需求与心理健康。一个良好的反馈机制不仅能够帮助学生掌握知识,还能够让学生感受到关心和尊重。主题式教学不是只关注学生的学习成绩,不是只有知识掌握这一个目标。教师应用温和而有策略的方式与学生进行沟通,引导学生树立信心、面对困难。

综上所述,进阶式评价是对主题式教学有着应用价值和积极作用的评价方式。教师应深入研究主题式教学,有效地探索进阶式评价,将进阶式评价科学有效地整合到教学过程中。教师应通过教研与教学实践来完善进阶式评价机制,为主题式教学提升精准性、有效性提供有效的方法。

参考文献

［1］窦桂梅. 小学语文主题教学研究［M］. 北京：人民教育出版社，2015.

［2］雅斯贝尔斯. 什么是教育［M］. 邹进，译. 北京：生活·读书·新知三联书店，1991.

［3］孟宪乐. 中学思想政治教学设计［M］. 北京：高等教育出版社，2017.

［4］维克托·迈尔－舍恩伯格，肯尼思·库克耶. 与大数据同行：学习和教育的未来［M］. 赵中建，张燕南，译. 上海：华东师范大学出版社，2015.

［5］瓦·阿·苏霍姆林斯基. 给教师的建议（修订版　全一册）［M］. 杜殿坤，编译. 北京：教育科学出版社，1984.

［6］拉尔夫·泰勒. 课程与教学的基本原理［M］. 施良方，译. 北京：人民教育出版社，1994.

［7］佐藤学. 静悄悄的革命——创造活动、合作、反思的综合学习课程［M］. 李季湄，译. 长春：长春出版社，2003.

［8］季平. 指向核心素养培养的课堂教学变革研究［M］. 哈尔滨：黑龙江教育出版社，2020.

［9］韩震，朱明光. 普通高中思想政治课程标准（2017 年版 2020 年修订）解读［M］. 北京：高等教育出版社，2020.

后　记

在教育旅程中,我们始终在探索教学方法。科技的进步与社会生活的日新月异总会让教育面临新的任务,教学目标、教学内容、教学方法、教学评价、教师与学生等要素也会不断变化。

主题式教学不是"旧瓶装新酒",也不是为了标新立异而提出来的。主题式教学能够在教学形式的抽象与具体之间找到一种最佳的平衡点。主题式教学以教师为主导,以学生为主体,以知识为问题主线,以情境化的阅读活动、讨论活动与实践活动等为方法,以掌握必备知识、关键能力、学科素养和核心价值为目标。笔者将所观察到的、研究过的、思考过的和实践过的教学方式进行了梳理与归纳,力求为教育研究提供一些参考与建议。这是笔者编写《高中主题式教学初探》这本书的初衷。笔者主要探讨主题式教学的理论依据、应用价值、核心理念、特征、实施方法、评价策略等,力求为新课程教学提供一种可行性方案。

在理论研究和实践总结中,笔者研究相关文献,研究课程标准与教材,并结合对课堂教学的观察与反思,总结教学经验,在此基础上提炼出主题式教学的核心价值和实施策略。当然,由于所教学科的限制,笔者更多地针对思想政治学科列举案例,进行分析。但是,对于本书中的理念与方法,笔者尽量从一般意义上进行阐释,力求给各学科教学提供一些方法和思路。如果在这方面能给更多的读者以启发,笔者将倍感欣慰。笔者期望一线教师通过这本书能够理解主题式教学的理念,掌握主题式教学的实施策略,从而找到新课程教学的有效方法,提高教学效率,促进学生全面发展。

在编写过程中,笔者遇到了许多挑战,如如何将复杂的教育理念科学明了地表达出来，如何确保教学方法的有效性和可行性。笔者努力地进行了研究，力求使这本书既具有理论意义，又具有实践意义。

此外，笔者要感谢为这本书的成书和出版做出了贡献的许多人。本书中除总结了自己的一些经验外，还引用了一些优秀教学案例，也做了一些修改与评议。在此一并致谢。笔者也十分感谢编辑和出版团队的辛勤付出。

最后，笔者希望《高中主题式教学初探》这本书能够为教育工作者提供有益的参考，为新课程研究贡献力量。同时，期待读者能够通过阅读这本书对教育有更深入的理解和思考。教育是一个永无止境的过程，我们一起不断探索、学习和进步。

薛立群

2024 年 1 月